Fortaleza para Padres de Hijos Desaparecidos

Sobreviviendo al Divorcio, Secuestro, Huidas y Cuidado Adoptivo

Marie White

ZAMIZ PRESS

Copyright © 2023 Marie White

Familia y Relaciones> Divorcio y Separación
Familia y Relaciones> Crianza> Crianza Solitaria

A menos que se indique lo contrario, las Escrituras están tomadas de Santa Biblia, NUEVA VERSIÓN INTERNACIONAL® NVI® © 1999, 2015 por Biblica, Inc.®, Inc.® Usado con permiso de Biblica, Inc.® Reservados todos los derechos en todo el mundo. Used by permission. All rights reserved worldwide. Utilizado con autorización. Todos los derechos reservados en todo el mundo.

La información en este libro no pretende reemplazar el consejo de un médico. Es sólo para fines informativos y cualquier suplemento, dieta o programa de ejercicios debe iniciarse bajo la asesoría de un médico. El autor y el editor no son responsables.

Todos los derechos reservados. Ninguna parte de esta publicación puede reproducirse, distribuirse o transmitirse de ninguna forma ni por ningún medio, incluyendo fotocopias, grabaciones u otros métodos electrónicos o mecánicos, sin la autorización previa por escrito del editor, excepto en el caso de citas breves incorporadas en revisiones críticas y ciertos otros usos no comerciales permitidos por la ley de derechos de autor. Para solicitudes de permiso, escriba al editor, con el asunto "Atención: Coordinador de permisos," en la dirección que se encuentra debajo.

Zamiz Press Publishing   ZamizPress.com

Cantidad de Ventas. Descuentos especiales están disponibles en compras por cantidades por parte de corporaciones, asociaciones y otros. Para solicitar precios, use el sitio web del autor. MarieWhiteAuthor.com Fortaleza para Padres de Niños Desaparecidos: Sobreviviendo al Divorcio,
Secuestro, Huídas y Cuidado Adoptivo / Marie White - 2da edición

ISBN-13: 978-1-949813-29-6

Diseño de portada: Rob Williams Imagen interior: Pixabay
Diseño del libro © Book Design Templates

"Este es un libro excepcional que aborda las ramificaciones sociales, fisiológicas y psicológicas del estrés relacionado con el divorcio. Lo recomiendo encarecidamente y desearía haberlo tenido cerca al comienzo de mi viaje."

-**Dr. Carlos Rivera**
pediatra y anfitrión de radio del programa In the Best interest of the Children

"Los cristianos que entreguen su dolor a Dios, descubrirán que Él es lo suficientemente grande. Marie guía a los padres a través de su dolor con el amor de Dios."

-**Steve Carter**
**fundador de Playbook to Millions,
orador internacional y coach de éxito**

"No tienes que sufrir tanto como lo haces. Cualquiera puede salir de un agujero profundo. Este libro está diseñado para ayudarte a ver eso"

-**Dr. Sue Cornbluth**
Experta en Síndrome de Alienación Parental

"Nadie ha hecho una guía para los padres que pierden a sus hijos. Cuando vi esto, supe que era exactamente lo que la gente necesitaba. ¡Marie hace un de tema horrible, algo inspirador!

-**Bill Walsh**
**CEO Powerteam International
Experto en Pequeñas Empresas de Estados Unidos**

Tabla de Contenidos

Primera Parte

- Luchando por Respirar 1
- Entrada de diario, una semana en nuestro viaje: 4
- Tres Campos de Batalla 7
  - Emocional 7
  - Físico 10
  - Espiritual 13
- Cada Pensamiento Cautivo 19
- El Borde de la Supervivencia 23
  - Lo Que Hacemos Importa 27
  - Pensamientos y Oración 31
- Cuando El Tiempo No Se Detiene 35
  - Logros Terribles 37
  - Un Sacrificio 42
- Culpabilidad: El Daño Oculto 45
- Dos Mitades De Un Corazón Roto 51
  - Promesas del Saco de Papas 56
- No Estás Vagando Solo 59
  - Nuevo Normal 63
- Esperando Lo Milagroso 67
- El Juicio Es El Regalo 73
  - Miedo 77
  - Escogido 84

No Te Rindas 87
    Problemas de Familia 93
Un Final Feliz 97

Segunda Parte

Historias de Esperanza 107
    Bret 107
    Charlie 109
    Tracy 110
    Anna 110
Los Expertos Opinan 113
    Logan Clarke 113
    Dr. Sue Cornbluth 122
    Dr. Raymond Mitsch 129
    Dr. Timothy Benson 135
    Michael Jeffries 139
Notas Al Final & Enlaces 147
Obsequios Gratuitos 149
Ayuda Adicional 151
Agradecimientos Especiales 153

Tercera Parte

Tarjetas de Inspiración 161
Listas Diarias de Verificación 181

A Jason, mi roca.

La amistad nace en ese momento cuando una persona le dice a otra: ¡Qué! ¿Tú también? Pensé que era el único.
—C. S. Lewis

I

Primera Parte

Capítulo 1

Luchando Por Respirar

Aunque nunca te he conocido, sé más de ti que nadie. Noche tras noche, día tras día, te enfrentas a la peor pesadilla de cada padre. No lo haces porque eres excepcional o fuerte o inteligente. Lo haces porque estás obligado a hacerlo. Lo haces porque recuperar a tu hijo es tu primer pensamiento en la mañana, el último pensamiento en la noche y en cada momento intermedio.

Algunas veces tu imaginación te lleva a lugares a los que nadie debería ir; contemplando cosas que nunca deberían ser imaginadas. Los gritos internos y un peso insoportable te derriban y te hacen preguntarte si puedes continuar. Hay algunos padres que se desintegran mentalmente. Otros recurren al suicidio, las drogas o el alcohol. No puedes permitirte hacer esto. Tu hijo vale demasiado y tu historia es demasiado poderosa como para terminar así. Pero, ¿cómo continúas cuando parece que el mundo está patas arriba?

¿Cuáles son los aspectos espirituales de tener un hijo desaparecido? ¿Cómo se combate el estrés bajo el que están tu cuerpo y mente? ¿Cómo puedes ayudar a tu familia a enfrentar y encontrar un propósito durante esta lucha?

Hay belleza en el viaje, independientemente del resultado. Lamentémonos, tengamos esperanza y luchemos, juntos.

Hay un héroe dentro de ti. Eres el personaje principal en una lucha épica entre el bien y el mal. Viajemos juntos a los lugares oscuros de la pena y salgamos, donde podamos ver las cosas desde un punto de vista más amplio.

Shakespeare escribió: "Algunos nacen grandes, algunos logran grandeza, y a algunos la grandeza les es impuesta." Eso también es válido para ti. Puedes ser aplastado por este horrible evento y perder tu cordura, tu familia y tu vida. O bien, puedes tomar este dolor que te fue impuesto para impulsarte hacia la grandeza. Puedes superar esto. Sé que es duro.

¿Puedes mantener tu fe cuando tu hijo ha sido secuestrado, separado, se ha escapado o se ha puesto bajo cuidado adoptivo? ¿Cómo superas los días más oscuros? ¿Por qué te está pasando esto? ¿Cómo podría Dios permitir esto?

Mentalízate antes de tiempo para que me perdones. Te ofenderé. Nuestros amigos, en sus intentos de consolación, nos lo han hecho mil veces. Cuando se dicen las palabras que cortan tu corazón en un millón de pedazos, recuerda que nadie dice lo correcto todo el tiempo.

Confía en mí con tu corazón y con tu dolor. Algunas cosas pueden ser difíciles de escuchar, pero te estás convirtiendo en un experto en cosas realmente difíciles y eres más fuerte de lo que crees.

Conozco tu dolor. Cuando un día sin lágrimas es raro y los días festivos te destrozan. Desde las hojas que caen hasta la llegada de la primavera, cada momento especial del año se ve opacado por el dolor.

Mirando hacia atrás en nuestro viaje, veo la belleza que había en esos tiempos difíciles. De las cenizas de mi vida anterior surgió una nueva persona, más afectuosa, más sensible, más fuerte y con un propósito más profundo. Sé que Dios todavía tiene el control, incluso en los momentos en que se siente como si nos hubiera abandonado. O, como dijo HG Wells, "si no hay Dios, nada importa. Si hay un Dios, nada más importa."

Cuando era una niña, me aterrorizaban los horribles chillidos que los gatos hacen por la noche. Respirando debajo de mis sábanas, me parecía una eternidad antes de poder dormirme. No fue hasta que soñé que un gato venía por mi hermanita que dejé de tener miedo. Protegerla me llenó de coraje y luché con el gato hasta el suelo. En ese momento, me di cuenta de que si luchaba por alguien, podría ser valiente.

Y tú también puedes. Estás aprendiendo a ser valiente y convertirte en lo que siempre has estado destinado a ser. Estabas destinado a ser un guerrero.

No es coincidencia que a lo largo de la Biblia Dios se refiere a nosotros como soldados que van a la batalla. En este momento estamos luchando contra fuerzas espirituales de rodillas.

Primero, date cuenta de que estamos en una guerra, una batalla épica entre el bien y el mal. En este momento sientes que el mal ha ganado. Con tu hijo lejos de tus brazos, nunca has estado más consciente de que la vida es un campo de batalla.

John Eldridge escribió "La vida es ahora una batalla y un viaje. Esta es la explicación más verdadera de lo que está sucediendo, la única forma de entender correctamente nuestra experiencia... La vida es una búsqueda desesperada a través de un país peligroso hacia un destino que está más allá de nuestras más locas esperanzas, indescriptiblemente bueno."

El destino es indescriptiblemente bueno, no el viaje.

Estás parado en medio de una batalla. Mientras observas cómo son destruidas las personas, recuerde que la guerra aquí es solo una preparación para un futuro que Dios dice que no tiene miedo ni angustia (Apocalipsis 21:4).

¿Pero cómo luchas esta batalla y para qué estás luchando exactamente? Descubrámoslo en el próximo capítulo a medida que aprendamos a crear nuestro plan de batalla.

*Hasta que sepas que la vida es una guerra,
no puede saber para qué es la oración.*
—*John Piper*

Entrada de diario, una semana en nuestro viaje:

Me imagino que mañana debería ser el último día de llanto de todos los días. Puedo sentir que las lágrimas comienzan a disminuir. No sabemos lo que Dios va a hacer. Pero 2 Tesalonicenses 3: 1-3 dice: "Por último, hermanos, oren por nosotros para que el mensaje del Señor se difunda rápidamente y se le reciba con honor, tal como sucedió entre ustedes. Oren además para que seamos librados de personas perversas y malvadas, porque no todos tienen fe. Pero el Señor es fiel, y él los fortalecerá y los protegerá del maligno."

Sé que solo ha pasado un poco más de una semana, pero parece que nuestro hijo se ha ido para siempre. Qué tonto de mi parte lamentar lo que ni siquiera es una mota de polvo en comparación con la eternidad, pero todavía lloro.

Extraño a mi hijo. Le clamo a Dios todo el día: "¿Cuánto tiempo más, Señor?" Sé que miraré hacia atrás y veré que solo pasó un momento y que Dios usó ese momento de una manera poderosa. Él tiene un plan para este momento y es necesario para cumplir Su propósito. Pero sigue siendo doloroso y solo quiero que se acabe.

Sin embargo, confío en la línea de tiempo de Dios.

Él tendrá que hacerme lo suficientemente fuerte como para aguantar hasta entonces. Anoche estuve orando y derramando lágrimas hasta pasada la medianoche. Extrañaba tanto a mi hijo que casi no podía respirar.

Le pregunté a Dios:

¿Por qué?

¿Cuánto tiempo?

¿Cuánto dolor tenemos que soportar?

¿Qué se supone que aprendamos de esto?

¿Cuál es Tu plan?

En este momento, mi familia depende de mí para mantenerlos en un buen lugar. Tengo que ser fuerte por ellos. Todos me están mirando y si me desmorono, se desmoronan también. El viejo dicho es cierto: "Si mamá no está feliz, no hay nadie feliz."

Voy al jardín y me pongo audífonos en ambos oídos, con el estruendo de la música. Si quiero cantar, entonces soy libre de hacerlo. No hay nadie afuera a las seis de la mañana.

Usualmente comienzo con canciones que imitan el llanto de mi corazón.

Lloro mucho en el jardín.

Después de un rato me encuentro mirando al cielo y alabando a Dios por su bondad, más grande que el cielo. Está cuidando a nuestro hijo, a mi familia y a mí. Él es lo suficientemente grande. Él todavía es bueno.

Unos meses después de que secuestraron a nuestro hijo, recuerdo haberme mirado en el espejo de la iglesia sin reconocer a la persona que vi. Pensé, "¿Cómo puedo verme tan bien, cuando me estoy desmoronando por dentro?"

Algunos días fueron de estar por el piso, otros días eran de esos en los que lloraba a todo pulmón. Trataría de contenerme y, finalmente, dejaba la escoba, cerraba la puerta de mi habitación y cedía al dolor.

Sollozando en el suelo, era donde tenía que estar. Luego, cuando los sollozos se sintieron forzados, me levanté, me sequé la cara y volví a barrer.

Dos años después, todavía quiero contarles a todos los que me encuentro en la tienda o en la calle que nuestro hijo está desaparecido. Ellos necesitan saber. ¿Cómo puede el mundo seguir girando mientras nuestro hijo se ha ido?

A través de este horrible evento, me he dado cuenta de que cada persona pasa por pruebas serias. Tú y yo sabemos, de una manera que nadie más lo hace, que nunca seremos iguales.

Pero, ¿y si no se supone que debemos serlo? William Arthur Ward escribió: "La adversidad hace que algunos hombres se rompan: a otros hace que rompan récords."

En los próximos capítulos, aprenderemos sobre el sufrimiento y la esperanza en este mundo malvado. Nos aventuraremos en el "valle de la sombra de la muerte" y veremos si podemos salir vivos.

¿Estás listo? Miremos los tres aspectos de nuestras vidas que están siendo atacados en este momento y cómo podemos combatirlo.

Capítulo 2

Tres Campos de Batalla

La lucha que tú y yo estamos enfrentando es multifacética. Enfrentamos la realidad de que nuestras emociones ya no están bajo nuestro control, la realidad de lo que el estrés le está haciendo a nuestro cuerpo y la realidad espiritual de que un buen Dios parece haberles fallado a nuestros hijos.

Emocional

Nuestra realidad emocional es el primer frente de batalla que debemos abordar. Si no tenemos esto bajo control, entonces no podemos abordar a los otros dos porque el dolor nos detiene como una manta ponderada.

Igual que tú, comencé este viaje con días en los que tuve que obligarme a levantarme de la cama. Me tomaba trabajo levantarme, estar activa e incluso comer. Cada acto era como tratar de caminar mientras arrastras una pierna rota.

Al principio cuelgas de un hilo muy delgado. Tus emociones son volátiles. Algo tan simple como un comercial o una canción puede hacer que tu cuerpo estalle en sollozos convulsos. Tu mundo es sombrío. Se siente como si llevaras gafas de sol oscuras todo el tiempo. No es tu imaginación que incluso los días soleados parecen nublados.

En *Grieving: Our Path Back to Peace,* James R. White escribió: "No tengo energía. Siento como si hubiera un peso sobre mi pecho, reteniéndome, por lo que es difícil levantarme por la mañana o hacer cualquier cosa durante todo el día. No puedo concentrarme. Las tareas que solían ser fáciles para mí ahora son difíciles. El futuro se ve tan negro y sombrío. Hay demasiadas cosas con las que hay que lidiar. No sé cómo puedo continuar."

Las primeras semanas mis emociones estaban a flor de piel y no podía comer. Estuve despierta toda la noche con miedos jugando en mi mente. Tener el estómago vacío hizo que fuera aún más difícil comer y después de tres días de tener náuseas, me di permiso para vomitar.

Como he sido madre adoptiva, trabajar con niños traumatizados me permitió ver el efecto que el estrés y el trauma tenían en el cuerpo. Tenía que haber medidas adicionales que nuestra familia pudiera tomar para cumplir con las obligaciones de la vida diaria y continuar trabajando por el regreso de nuestro hijo.

Me di cuenta de que el yogur líquido, licuados, sopa, —cualquier cosa que pudiera tragarse rápidamente— aliviaba el reflejo nauseabundo provocado por el estrés. Después de unos días, esta dieta líquida me permitió volver a comer.

El experto en rendimiento deportivo, Dr. Alan Goldberg dice que "experimentar un intenso malestar estomacal, constricción de la garganta o vomitar... es un síntoma de que estás "en la zona roja" en lo que respecta a tu nivel de activación fisiológica[2]."

Si bien esta es una experiencia normal para un jugador de fútbol o gimnasta, los padres de niños desaparecidos pueden experimentarla 24 horas al día, 7 días a la semana, incluso semanas.

Una forma de manejar el estrés de su hijo desaparecido es desarrollar una rutina para sobrevivir a lo largo del día. Estas son algunas prácticas que son absolutamente necesarias.

1. Luz solar (al menos una hora por día): Según la Clínica Mayo, "la reducción de la luz solar puede provocar una disminución de la serotonina que puede desencadenar la depresión.[3]" Los síntomas de la depresión; agotamiento, no preocuparse por cosas importantes, sentirse abrumado y llorar, disminuyen nuestra capacidad de luchar por nuestro hijo.
2. Salir (al menos 30 minutos por día): el artículo *The Effects of Sunlight and Fresh Air on the Body*[4] dice: "La inhalación de aire fresco ayuda a despejar los pulmones y permite tomar respiraciones más profundas y prolongadas, lo que aumenta la cantidad de oxígeno que se transporta a las células de su cuerpo. El aumento de oxígeno en su cuerpo se traduce en una mayor energía y claridad mental. Según un grupo de estudios publicados en la edición de 2010 de la revista "Journal of Environmental Psychology," los participantes de la investigación informaron que se sentían más felices, más sanos y más vivos cuando pasaban tiempo en la naturaleza."
3. Come una plátano/banana "Las plátano/bananas son las reinas de los súper alimentos que suben el ánimo, y ofrecen una mejora rápida del estado de ánimo poco después de que comerlas. Los efectos antidepresivos de la plátano/banana probablemente provengan de sus niveles de dopamina, triptófano y altos niveles de vitamina B6[5]."
4. Solo escucha, mira o lee cosas edificantes. El autor Steve Pavlina escribe: "Después de 30-60 minutos de escuchar a alguien como Zig Ziglar hablar sobre los

> objetivos, invariablemente me siento muy optimista y centrado. Y tiendo a hacer un montón de trabajo de alta prioridad cuando estoy en ese tipo de estado emocional. Pero la clave para mí era mantener esto como un hábito diario... Cada vez que he perdido este hábito durante semanas o meses a la vez, invariablemente he sido arrastrado hacia estados emocionales negativos. Luego recuerdo mi solución, vuelvo a conectar y mi actitud y productividad vuelven a dispararse[6]."

Los padres de niños desaparecidos no pueden darse el lujo de deprimirse, estancarse o paralizarse. Debemos seguir avanzando para que nuestros hijos regresen a casa. La mejor manera de hacerlo es poner nuestros cuerpos en piloto automático mientras nuestras mentes intentan encontrar soluciones. Haces esto, como lo describe *The Power of Habit* (El Poder del Hábito), al crear hábitos positivos que te permiten rejuvenecer estando bajo una presión extrema.

> Evita pensar en cualquier cosa negativa.

Debes evitar pensar en cualquier cosa negativa durante este tiempo. Discutiremos esto más adelante en otro capítulo. Por ahora, es importante concentrarse en controlarte. Cuando comiences a tomar un camino negativo, detén el pensamiento. Cuando tu mente se distrae acerca de cómo está siendo tratado tu hijo, detente. Cuando comiences a pensar en todo lo malo que te han hecho, detente. Cuando sientas que estás contemplando la injusticia de todo esto, detente. Esto es parte de tu programa de entrenamiento. Pensar en estas cosas es perjudicial para tu estado físico y mental. Habrá un momento para pensar en esto, simplemente no es ahora.

Habrá un tiempo para pensar en lo malo, pero no ahora.

Pasa a la lista de verificación de la Semana Uno al final de este libro. Marca las casillas diariamente. El simple hecho de terminar la lista cada día le dará a tu cuerpo un pequeño golpe de placer y te ayudará a seguir luchando por tu hijo.

Física

El segundo tipo de realidad a abordar es la física. Tu cuerpo está bajo el peor tipo de estrés. A medida que pasas por esta prueba, tu cuerpo está produciendo en exceso hormonas del estrés y consumiendo cualquier vitamina B en tu sistema. Esto causa un enfoque reducido, sensación de agobio, agotamiento, aumento de la presión arterial y estar nervioso todo el tiempo.

- Incapacidad para enfocarse
- Sentirse abrumado
- Agotado
- Alta presión sanguínea
- Al borde

La Clínica Mayo lo describe:

Cuando te encuentras con una amenaza percibida... tu hipotálamo, una pequeña región en la base de tu cerebro, activa un sistema de alarma en tu cuerpo. A través de una combinación de señales nerviosas y hormonales, este sistema provoca que las glándulas suprarrenales, situadas encima de los riñones, liberen un aumento de hormonas, incluida la adrenalina y el cortisol.

La adrenalina aumenta tu frecuencia cardíaca, eleva tu presión arterial y aumenta el suministro de energía. El cortisol, la principal hormona del estrés, aumenta los azúcares (glucosa) en el torrente sanguíneo...

La vitamina B-12 y otras vitaminas B desempeñan un papel en la producción de sustancias químicas cerebrales que afectan el estado de ánimo y otras funciones cerebrales. Los bajos niveles de B-12 y otras vitaminas B, como la vitamina B-6 y el folato, pueden estar relacionados con la depresión[7].

Para cuidar tu estado físico, debes eliminar parte de la adrenalina que inunda tu sistema. De lo contrario, esa frustración reprimida provoca la sensación de que estás a punto de explotar.

Los padres de hijos desaparecidos necesitan ejercicio. Ya sea caminando tres millas por día o haciendo ejercicio durante media hora, tienes que hacer algo o el estrés te consumirá.

Combine los requerimientos de luz solar, tiempo fuera y ejercicio caminando durante una hora al día. Esto le permite a tu cerebro y cuerpo el tiempo de inactividad que necesita para funcionar correctamente. Incluye a un amigo, y también se encargará de tu necesidad de conexión y apoyo emocional.

Si bien existen diferentes tipos de duelo, los síntomas físicos siguen siendo los mismos. El duelo generalmente se asocia con la muerte y significa lidiar con un evento que ha sucedido, ha terminado y no se puede arreglar. El dolor que está experimentando es más como tener cáncer. El evento aún está en curso, puede tener o no un punto final y tiene muchas oportunidades para que colabores o dificultes la sanación.

Si tu hijo se lo ha llevado servicios sociales o un ex cónyuge, sabes que tu comportamiento puede tener un efecto directo en el resultado. Con huidas y secuestros, temes que si sales de la casa, puedes perderte el regreso de tu hijo.

Cada uno de estos escenarios hace que te sometas a traumas y que resulte en el Trastorno de Estrés Postraumático (PTSD) o el Trastorno de Estrés Postraumático Complejo (C-PTSD).

> Psicológicamente, el resultado final del trauma es una emoción abrumadora y una sensación de total impotencia.
> —Jon Allen, *Coping with Trauma*

El trauma ha sido definido como algo estresante que es continuo e impredecible.

¿Has notado que contienes la respiración involuntariamente cuando revisas tu email, tu correo o los mensajes de tu teléfono? Esta es una reacción de estrés.

También puedes haber notado que tu ritmo cardíaco aumenta, comienzas a sudar y tu cuerpo se inunda con adrenalina durante ciertos eventos. Estas también son reacciones de estrés.

En el libro *The 5 Stages of Grief and Other Lies That Don't Help Anyone*[1], el autor señala que;

> Muchas personas, incluso psicólogos profesionales, creen que hay una manera correcta y una forma incorrecta de llorar, que hay un patrón ordenado y predecible por el que todos pasarán, y si no progresas correctamente, estás fallando en el duelo...
>
> Esto es una mentira.
>
> ...Entiendo por qué las personas, tanto las que sufren como las que presencian la pena, quieren algún tipo de

hoja de ruta, un conjunto de pasos o etapas claramente delineadas que garanticen un final exitoso al dolor del duelo. La verdad es que el dolor es tan individual como el amor: cada vida, cada camino, es único. No hay un patrón predecible ni progresión lineal. A pesar de lo que dicen muchos "expertos," no hay etapas de duelo.

Las etapas del duelo al que se refiere son:
1. Negación
2. Enfado
3. Negociación
4. Depresión
5. Aceptación

Estás de duelo durante este tiempo. Afligirte por la pérdida de tu hijo, la pérdida de tu creencia de que el mundo es justo, la pérdida de tu confianza en Dios, la pérdida de personas que pensaste que estarían a tu lado, o la pérdida de todo lo que una vez pensaste que era inquebrantable. Por sí mismas, esas pérdidas serían suficiente para afligirse, pero juntas parecen insoportables.

Se han llevado parte de tu identidad. Cuando tus hijos están desaparecidos, no sabes quién eres o dónde encajas en este mundo.

A algunos de nosotros le han raptado un hijo en la calle. A otros le ha pasado que un miembro de la familia se ha llevado a su hijo. Hay personas a quienes una agencia gubernamental les ha quitado a sus hijos. A algunos se les ha escapado un hijo. No hay dos historias exactamente iguales. Pero el dolor y la montaña rusa emocional son lo mismo.

Un padre todavía puede sufrir por un hijo que está vivo.

El aspecto más significativo de tener un niño desaparecido es lo que nos hace espiritualmente, como veremos en la siguiente sección.

Estás en aflicción por:
- La pérdida de un hijo
- La pérdida de la creencia en un mundo justo
- La pérdida de personas
- La pérdida de identidad

Espiritual

Con hijos desaparecidos, el proceso de duelo implica pasar de una emoción extrema a otra. En un período de cinco minutos podrías pasar de la risa, a la ira, al llanto. El suelo es inestable. En un minuto confías en Dios y al siguiente le estás sacudiendo el puño. Después de todo, si esto le pudo pasar a tu hijo, ¿qué más podría pasar? Estás bombardeado con el temor de que no tienes protección.

Este terror abrumador te deja preguntándote cómo un Dios bueno podría permitir esto.

Algunas personas deciden que entonces no puede existir un Dios. Otros piensan que si hay uno, a Él no le importa lo que a ellos les pasa. Sin embargo, la Biblia dice que Dios no solo es bueno, sino que debemos esperar tiempos difíciles.

- Queridos hermanos, no se extrañen del fuego de la prueba que están soportando, como si fuera algo insólito. (1 Pedro 4:12)
- Hermanos, no se extrañen si el mundo los odia. (1 Juan 3:13)
- Si en alguna provincia ves que se oprime al pobre, y que a la gente se le niega un juicio justo, no te asombres de tales cosas; porque a un alto oficial lo vigila otro más alto, y por encima de ellos hay otros altos oficiales. (Eclesiastés 5:8)

El aliento en estos versículos no es que sucedan cosas malas; es que lo que estás pasando *todavía* está bajo el control de Dios.

Romanos 8:28 dice, "Ahora bien, sabemos que Dios dispone todas las cosas para el bien de quienes lo aman, los que han sido llamados de acuerdo con su propósito."

Hay algo diferente acerca de un cristiano que atraviesa este tipo de evento. Una cosa que el cristiano tiene es el consuelo de Dios; 2 Corintios 1:3-4 dice: "Alabado sea el Dios y Padre de nuestro Señor Jesucristo, Padre misericordioso y Dios de toda consolación, quien nos consuela en todas nuestras tribulaciones para que, con el mismo consuelo que de Dios hemos recibido, también nosotros podamos consolar a todos los que sufren."

Podemos estar seguros de que Dios nos tiene en sus brazos durante esta prueba porque Dios dice: "Nunca te dejaré;

jamás te abandonaré." (Hebreos 13:5)

Otra cosa que tenemos es esperanza.

Hermanos, no queremos que ignoren lo que va a pasar con los que ya han muerto, para que no se entristezcan como esos otros que no tienen esperanza. (1 Tesalonicenses 4:13)

Y no solo en esto, sino también en nuestros sufrimientos, porque sabemos que el sufrimiento produce perseverancia; la perseverancia, entereza de carácter; la entereza de carácter, esperanza. Y esta esperanza no nos defrauda, porque Dios ha derramado su amor en nuestro corazón por el Espíritu Santo que nos ha dado. (Romanos 5:3-5)

Se supone que no debemos lamentarnos como aquellos que "no tienen esperanza." Nos afligimos con esperanza y consuelo de que Dios ve lo que está sucediendo y está trabajando detrás de las escenas.

Tal vez Dios nos ha confiado a ti y a ti esta monumental tarea por una razón. ¿Podemos demostrar que nada puede hacer que nos alejemos de Dios, sin importar lo que Él permita? ¿Podemos esperar para ver cómo Dios realizará el milagro de hacer algo bueno de la desaparición de nuestros hijos?

> Jesús prometió a sus discípulos tres cosas: que serían completamente valientes, absurdamente felices y que estarían en constante problema. — G.K. Chesterton

En la Biblia, Job pierde a todos sus hijos, sus posesiones y su salud. La gente lo ve lidiar con el dolor de perderlo todo, y él les dice: "Él, en cambio, conoce mis caminos; si me pusiera a prueba, saldría yo puro como el oro." (Job 23:10)

La palabra *prueba* aquí significa poner metal en un horno caliente y separar el oro de otras impurezas, como el plomo. Google define la palabra *prueba* como un nombre que significa "un procedimiento destinado a establecer la calidad, el rendimiento o la confiabilidad de algo, especialmente antes de que se lo utilice ampliamente." Si eso es lo que Dios te está haciendo, entonces Él está a punto de usarte de una manera enorme, y Él está estableciendo tu desempeño.

Job se dio cuenta de esto y por alguna razón, Dios permitió que estas cosas le sucedieran a él. Job tenía fe en que, al final, Dios las usaría para hacer que Job fuese puro, como el oro precioso. Tú y yo hemos tenido la tarea de soportar la desaparición de nuestros hijos, pero al final podremos convertirnos en parte de algo monumental.

No tienes que hacer esto solo. Dios te da promesas a las cuales aferrarte mientras esperas. Su primera promesa a los cristianos es que Él hará todo por un buen propósito tanto ahora como para la eternidad.

"Ahora bien, sabemos que Dios dispone todas las cosas para el bien de quienes lo aman, los que han sido llamados de acuerdo con su propósito." (Romanos 8:28)

La segunda promesa es que Él te consuela personalmente mientras pasas por esto.

> Ustedes los cielos, ¡griten de alegría! Tierra, ¡regocíjate! Montañas, ¡prorrumpan en canciones! Porque el Señor consuela a su pueblo y tiene compasión de sus pobres.
> (Isaías 49:13)

Incluso con el Consuelo de Dios, la batalla no ha terminado. Todavía tenemos un enemigo que quiere destruir nuestra alegría, nuestra esperanza, nuestras familias y nuestro destino. Tienes que luchar contra el susurro de Satanás: "¿Estás seguro de que Dios dijo?" (Génesis 3:1) a cada promesa que Dios da.

Ya conoces los susurros:

"¿Dijo realmente Dios que todas las cosas funcionan juntas por el bien de aquellos que lo aman, si Él permitió esto?"

"¿Cómo te consolará Dios? Él no puede aparecer y abrazarte."

"¿Estás seguro de que Dios dice que hay que tener esperanza? No mereces recuperar a tus hijos."

No importa cómo te sientas hoy, estás aquí para un propósito. En este momento, tu propósito es participar en un evento donde el resultado te mostrará cuán bueno es Dios. Él es bueno. No importa cómo nos estemos sintiendo hoy.

- En verdad, ¡cuán bueno es Dios con Israel, con los puros de corazón! (Salmos 73:1)
- El Señor es sol y escudo; Dios nos concede honor y gloria. El Señor brinda generosamente su bondad a los que se conducen sin tacha. (Salmos 84:11)
- Toma en cuenta mis lamentos; registra mi llanto en tu libro. ¿Acaso no lo tienes anotado? (Salmos 56:8)

Dios guarda nuestras lágrimas en una botella. Eso significa que Él ve cada gota y no se desperdician. Él no las está recogiendo sin ninguna razón. Él está usando nuestras lágrimas para producir algo.

El que con lágrimas siembra,

> *con regocijo cosecha.*
> *El que llorando esparce la semilla,*
> *cantando recoge sus gavillas.*
> —*Salmos 126:5-6*

Fuera de ti, desde tiempos antiguos nadie ha escuchado ni percibido, ni ojo alguno ha visto, a un Dios que, como tú, actúe en favor de quienes en él confían. (Isaías 64:4)

El diablo quiere hacerte creer que las promesas de Dios no son ciertas. Cuando sientas que el diablo susurra mentiras a tu corazón, recuerda que Dios dice nunca los dejará ni los abandonará (Deuteronomio 31:6) y que debe haber un plan más grande.

King David wrote:

> *Pero de una cosa estoy seguro:*
> *he de ver la bondad del Señor*
> *en esta tierra de los vivientes.*
> *Pon tu esperanza en el Señor;*
> *ten valor, cobra ánimo;*
> *¡pon tu esperanza en el Señor!*
> —*Salmos 27:13-14*

En los días en que te golpean una y otra vez, recuerda tomar coraje y esperar en Dios.

Greg Laurie tiene dos charlas sobre el sufrimiento que quiero compartir en MarieWhiteAuthor.com. Ve a la pestaña "Fortaleza para Padres" y haz clic en los Enlaces de Libros 1 y 2.

Escucha esas dos charlas antes de pasar al próximo capítulo, porque vamos a profundizar sobre el tema. Algo sorprendente está por suceder.

Pasos para recordar:
- Crea una nueva rutina

- Deja de pensar en cosas negativas
- Usa la lista de verificación semanal

CAPÍTULO 3

Cada Pensamiento Cautivo

Mientras escribo esto, nuestro hijo ha estado desaparecido por más de dos años. Sé lo que es esperar con la respiración contenida. También sé lo que es tener momentos de desesperación.

Al comienzo de tu viaje, la mayoría de los días están llenos de cada emoción. Si te levantas triste, en el desayuno puedes pasar de la tristeza a la ira. A la hora del almuerzo, puede pasar de la frustración al embotamiento. Si te despiertas neutral, entonces te sientes culpable por eso. Lo más que puedes manejar es la supervivencia.

Greg Laurie habla mucho sobre el efecto que la muerte de su hijo tuvo en su vida. Dijo que era lo peor que le podía pasar a un padre, pero creo que tú y yo estaríamos en desacuerdo. Incluso la muerte parece preferible ante los horrores que nos han dejado imaginar.

Pero ese es el problema; se supone que no debemos imaginar esas cosas.

2 Corintios 10:3-5 dice:

Pues aunque vivimos en el mundo, no libramos batallas como lo hace el mundo. Las armas con que luchamos no son del mundo, sino que tienen el poder divino para derribar fortalezas. Destruimos argumentos y toda altivez que se levanta contra el conocimiento de Dios, y llevamos cautivo todo pensamiento para que se someta a Cristo.

Mira donde dice "capturar cada pensamiento cautivo."
Me he sentido desobediente cada vez que pensaba en lo que mi hijo *podría* estar soportando.
No es la sensación de miedo que te hace sentir mal del estómago, sino la culpa. Ha sido la manera de Dios de sentenciarme a capturar cada pensamiento cautivo.
Podría decirme que pensar en estas cosas no cambia nada. Solo me pone triste y enojada. Acelera mi frecuencia cardíaca, aumenta mi presión arterial e inunda mi sistema con las hormonas del estrés: cortisol y adrenalina. Pero todo en mí todavía quiere pensar en lo que le está sucediendo a mi hijo.

Por último, hermanos, consideren bien todo lo verdadero, todo lo respetable, todo lo justo, todo lo puro, todo lo amable, todo lo digno de admiración, en fin, todo lo que sea excelente o merezca elogio. (Filipenses 4:8)

No es fácil entrenar nuestras mentes para pensar solo en lo verdadero, noble, correcto, puro, encantador, admirable, excelente y digno de alabanza. Pero es parte de nuestro programa de entrenamiento, como el Crossfit® para la guerra espiritual.
En medio de todo lo que ha sucedido, se supone que debemos crecer física y espiritualmente. Se supone que debemos ser más fuertes. Eso significa que debes controlar las cosas que piensas y escuchas. No estás permitiendo que tu mente piense sobre el mal.

Corrie Ten Boom dijo: "La preocupación no vacía el mañana de su dolor, vacía el hoy de su fuerza."

La idea de capturar cada pensamiento cautivo es más difícil de lo que parece. Durante el primer año, tuve que escuchar podcasts en la ducha, porque tuve el tiempo justo para estar llena de dudas y miedo. Es una cuestión de obligarse a enfocarse en lo bueno y no ceder a la preocupación.

Hasta el día en que veamos el buen propósito de Dios, Él nos está pidiendo que confiemos en Él en la oscuridad.

Enfoca tus pensamientos para recordar todas las veces que Dios te ha sido fiel. James MacDonald dice:

> Para aumentar lo milagroso, Dios nos hace esperar, pero también para preparar al destinatario. La espera es el proceso mediante el cual Dios nos hace espiritualmente aptos para recibir lo que Él siempre ha decidido hacer.
>
> Déjame preguntarte sobre tu prueba, ¿quieres ganar o quieres ganar a lo grande? Los signos de la presencia de Dios deberían ser obvios. Visualiza el paisaje de tu vida. ¿No puedes visualizar algunas señales de que Dios está trabajando? Él no solo quiere ganar. Él quiere ganar de una manera que sepas que es Él. Él te condujo al juicio. Él te va a sacar.

Si Dios permitió esto, entonces debe haber una razón. Su misión es utilizar este tiempo para todo lo que vale, para llevar a cabo cualquier tarea que pueda ser la razón por la que Dios lo permitió.

Debemos ser fuertes y esperar.

En el siguiente capítulo veremos cómo es la desesperanza y cómo combatirla.

Pasos a recordar:
- Captura tus pensamientos cautivos.
- Escucha música, audiolibros o sermones.

- No permitas que tu mente vuelva a pensar en la seguridad de tu hijo.

Ahora bien, sabemos que Dios dispone todas las cosas para el bien de quienes lo aman,[a] los que han sido llamados de acuerdo con su propósito. (Romanos 8:28).

CAPÍTULO 4

El Borde de la Supervivencia

¿Cómo logramos pasar esas primeras semanas difíciles? Creo que Tom Hanks en *Sleepless en Seattle* lo dijo mejor: "Me voy a levantar de la cama todas las mañanas. Inhalar y exhalar todo el día. Y luego, después de un tiempo, no tendré que recordarme a mí mismo que tengo que salir de la cama todas las mañanas e inhalar y exhalar."

Si todavía estás en el comienzo, déjame asegurarte que sí mejora y que no tendrás que obligarte a levantarte de la cama todas las mañanas.

> La fe no elimina las preguntas.
> Pero la fe sabe a dónde dirigirlas.
> —Elisabeth Elliot

Durante varios meses, me levantaba, me vestía, comía y completaba mecánicamente las tareas del día. Mientras tanto, todo dentro de mí estaba gritando de angustia. Todo lo que realmente quería hacer era esconderme bajo las sábanas y despertarme cuando todo terminara. Pero la vida no funciona de esa manera. Incluso si hubiera podido quedarme en la cama todo el día, ¿qué hubiera logrado? Solo me haría sentir peor, porque habría perdido un día.

Lo último que tú y yo necesitamos es sentir más dolor.

Algunos días tengo que orar en el momento en que me levanto, "Señor, dime *otra vez* que todo va a estar bien. Sostenme en tus brazos, como un niño pequeño, y recuérdame que todo estará bien." Luego, durante el día, escucho una canción y respiro profundamente, y mis hombros se relajan. Solo entonces me doy cuenta de que mis hombros estaban levantados y no había respirado profundamente.

Habrá días en que esto no sea lo primero que pienses por la mañana y lo último que tengas en mente por la noche. Sobrevivirás. Puedes hacerlo, como lo han hecho muchos padres antes de ti.

Después de todo, el secuestro no es un evento nuevo.

Hubo muchas personas en la Biblia que fueron secuestradas y vendidas como esclavas, o cautivas. Incluso en su cautiverio, estas personas tenían vidas poderosas para Dios. Algunos secuestros, como los mencionados en Isaías 39: 5-7, fueron anunciados con décadas de anticipación.

Cuatro raptos muy famosos fueron los de Daniel, Sadrac, Mesac y Abednego. Estos adolescentes fueron arrancados de sus familias y llevados a otro país para servir al rey enemigo. Fueron sometidos a un riguroso programa de entrenamiento para librarlos de sus viejas identidades. En cambio, estos chicos se convirtieron en luz para los demás en la oscuridad. Representaban a Dios y ayudaron a gobernar el país.

José fue secuestrado por sus hermanos y vendido como esclavo, para convertirse en el segundo al mando de todo Egipto.

Una joven fue secuestrada para ser una sirvienta del comandante enemigo. En lugar de amargarse, se preocupó por su amo y lo envió al profeta Eliseo, donde lo curaron de lepra.

Cada uno tenía una elección que hacer. Es la mismo a la que tú y yo nos enfrentamos, o bien podemos salir de este evento deformados, o podemos superarlo y transformarlo en algo nuevo. Al final de *El Señor de los Anillos*, Frodo se había distorsionado tanto llevando el anillo maldito y haciendo el arduo viaje, que no pudo volver a la vida normal. Pero su compañero también llevó el anillo, hizo el mismo viaje, y pasar por eso le enseñó que la vida es corta. Él usó esta nueva perspectiva para perseguir la vida audazmente.

Al comienzo del viaje, Frodo comenzó fuerte y su compañero estaba débil. Frodo termina el viaje destruido. Su compañero termina el viaje fortalecido.

Esto ilustra la belleza del poder transformador de Dios a través de la adversidad. Él puede usar la adversidad para hacer que el débil sea fuerte y el fuerte débil.

La canción *Save My Life* by Sidewalk Prophets, habla de clamar a Dios, pidiéndole que nos recuerde que no estamos solos. Le ruega a Dios que nos diga nuevamente que no nos ha olvidado. A veces nos sentimos completamente solos y necesitamos que Él nos diga que todavía hay esperanza, incluso cuando estamos sofocados por la desesperación.

Necesitamos recordar que hay detalles que no podemos ver.

Si nuestra vida fuera una película, ¿cuántas veces casi nos perdimos cuando Dios intervino en nuestro nombre? ¿Y le dimos crédito? No, porque nunca lo supimos.

Priscilla Shirer lo dice así: "Él puede ver más de lo que podemos ver, y puede amarnos sin necesidad de explicar por qué su amor debe verse así en este momento."

¿Pero todavía hay esperanza? ¿Puede Dios hacer algún tipo de bien con esto? ¿Tenemos ejemplos concretos de Dios trabajando detrás de la escena?

> Ella no podía esconderlo. El bebé al que ella había amamantado, protegido y mantenido escondido durante tres preciosos meses sin dormir se había ido. Fuera lo que fuera lo que iba a ser de él en su improvisada cuna, sabía que nunca volvería a verlo. Y en esa habitación, en todo Egipto, en los corazones de muchos, Dios estaba obrando. Allí se sentó. Una mujer que temía al Señor, que lo esperaba expectante, pero que había visto con sus propios ojos que para su pueblo, esperar significaba esclavitud, trabajo, injusticia y muerte. Y entonces a través de la ventana, calle abajo, su hija Miriam corriendo, sin aliento, llamando a su madre. ¡Dios ciertamente había estado obrando![8]

En el párrafo anterior, podemos intercambiar lugares con la madre de Moisés, e imaginarnos lo sola y abandonada que debió haberse sentido, solo para descubrir que Dios había estado haciendo su trabajo todo el tiempo.

Antes de Sadrac, Mesac y Abednego, ¿cuántas personas arrojadas a hornos de fuego fueron asesinadas?

Todas ellas.

Antes de Daniel, ¿cuántas personas arrojadas a la guarida del león fueron hechas trizas?

Todas ellas.

En Egipto, antes de que Moisés naciera, ¿cuántos bebés israelitas nacieron esclavos o fueron asesinados?

¡Todos ellos!

¿Ves un patrón?

Dios es el arquitecto de lo milagroso. El hecho de que algo no ocurra normalmente no significa que Dios vaya a dejar que continúe de esa manera. Solo se necesita una vez para que surja un nuevo patrón.

La Biblia dice que Dios castigará a aquellos que lo odian, "Por el contrario, cuando me aman y cumplen mis Por el Contrario, cuando me aman y cumplen mis mandamientos, les muestro mi amor por mil generaciones. (Éxodo 20:6)

Sabemos que Dios es capaz
La pregunta entonces es: "¿Está Dios dispuesto?"
Lo está, mis amigos.
Cuando el joven David se paró frente al gigante, Goliat, David gritó:

Tú vienes contra mí con espada, lanza y jabalina, pero yo vengo a ti en el nombre del Señor Todopoderoso, el Dios de los ejércitos de Israel, a quien has desafiado. (1 Samuel 17:45)

Antes de pasar a nuestro rol en todo esto, me gustaría que vean estos dos videos, para ver cómo Dios usa el dolor en MarieWhiteAuthor.com. Vayan a la pestaña "Fortaleza para Padres" y hagan clic en Enlaces de Libros 4 y 5.

Lo Que Hacemos Importa

Algunas cosas permanecen contigo para siempre. Hace años leí un artículo sobre una pareja que ayunaba en el almuerzo todos los jueves para orar por sus hijos. Pensé que esta era una gran idea, pero nunca imaginé que podría hacerlo. En medio de la partida de nuestro hijo, descubrí que el ayuno ya no sonaba tan difícil.

Cuando los discípulos tenían un demonio que no podían expulsar, Jesús dijo que era porque los discípulos no habían ayunado ni habían orado. Como no habían ayunado, sus oraciones no eran lo suficientemente poderosas, por lo que Jesús tuvo que expulsar el demonio por ellos.

La oración por sí sola no había roto las malvadas fortalezas que impedían que nuestro hijo volviera a casa. Necesitaba hacer algo poderoso. Decidí comenzar a ayunar durante el almuerzo una vez a la semana. Rezar y ayunar por nuestro hijo desaparecido, así como por cada miembro de nuestra familia, era lo mínimo y lo más que podía hacer. El ayuno es otra herramienta que puedes usar para luchar por tu hijo desaparecido.

Ravi Zacharias cuenta la historia de un joven soldado que estaba en la batalla. Este hombre trabajó como médico. Un día, su comandante le dijo que corriera al campo de batalla y que llevara a los heridos a un lugar seguro. La batalla fue fuerte. Había balas volando, y el joven seguía mirando su reloj. Entonces, miraría el campo de batalla y dudaría. Una y otra vez miró hacia afuera y luego otra vez a su reloj. ¡Su comandante le gritó nuevamente que saliera al campo! Finalmente, el joven miró su reloj una vez más y corrió para llevar a otros a un lugar seguro.

Más tarde, su comandante se enfrentó a él. ¿Por qué tardó tanto en obedecer la orden? El joven declaró que, aunque él no era cristiano, su madre sí. Antes de irse ella le había dicho que todos los días, en ese momento en particular, estaría rezando por él. Decidió que no iría a la batalla hasta que supiera que ella estaba rezando.

Lo que hacemos importa.

Las simples oraciones del corazón de una persona pueden tener un profundo efecto en muchas vidas.

¿Te imaginas enviar a tus hijos al mundo sabiendo que cada semana ayunas y rezas por ellos? Eso sería un legado duradero. Te conectaría a través de las millas.

Imagínatelo, solo tú y Dios, hablando de los chicos.

¿Nuestras oraciones *realmente* logran algo? ¿De hecho afectan el resultado? La Biblia dice que sí.

"La oración del justo es poderosa y eficaz." (James 5:16).

Los versículos a continuación, hablan de un tiempo cuando Dios estaba buscando a alguien que:

...estuviera de pie en la brecha ante (Él) para que (Él) no destruyera (la ciudad), pero (Él) no encontró a nadie. Entonces (Él) derramó "juicio." Dios estaba dispuesto a perdonar, pero en toda la ciudad no había ni una sola persona que orara por esa ciudad. Como no había nadie que orara, la ciudad fue destruida.

> Los terratenientes roban y extorsionan a la gente, explotan al indigente y al pobre, y maltratan injustamente al extranjero. Yo he buscado entre ellos a alguien que se interponga entre mi pueblo y yo, y saque la cara por él para que yo no lo destruya. ¡Y no lo he hallado! Por eso derramaré mi ira sobre ellos; los consumiré con el fuego de mi ira, y haré recaer sobre ellos todo el mal que han hecho. Lo afirma el Señor omnipotente (Ezequiel 22:29-31).

En Mateo 7: 7-8, Jesús dice que se supone que debemos Pidan, y se les dará; busquen, y encontrarán; llamen, y se les abrirá. Porque todo el que pide, recibe; el que busca, encuentra; y al que llama, se le abre.

Mira en línea o en tu Biblia y encuentra el resto de ese párrafo, hasta el versículo 12. Los versículos 9-12 explican cómo se siente Dios cuando le pedimos cosas.

CS Lewis dijo:

> En cada acción, al igual que en cada oración, estás tratando de producir un cierto resultado; y este resultado debe ser bueno o malo. ¿Por qué, entonces, no discutimos

como argumentan los oponentes de la oración, y decimos que si el resultado pretendido es bueno, Dios hará que suceda sin su interferencia, y que si es malo, Él evitará que suceda lo que sea que usted haga? ¿Por qué lavarse las manos? Si Dios quiere que estén limpios, estarán limpias sin que las laves... ¿Por qué hacer algo? Sabemos que podemos actuar y que nuestras acciones producen resultados... No puedes estar seguro de una buena cosecha, hagas lo que hagas en un campo. Pero puedes estar seguro de que si tiras de una hierba, esa hierba ya no estará allí... Las oraciones no siempre están, en el sentido crudo y fáctico de la palabra, "otorgadas." Esto no se debe a que la oración sea un tipo de causalidad más débil, sino porque es un tipo más fuerte. Cuando "funciona" funciona en forma ilimitada por espacio y tiempo. Es por eso que Dios ha conservado el poder discrecional de concederla o rechazarla.

No siempre vemos los resultados inmediatos de nuestras oraciones. Sin embargo, debemos saber que están haciendo algo en un ámbito mucho más allá de nuestra capacidad de comprensión, y son más poderosas de lo que sabemos.

En el libro de James MacDonald, *When Life is Hard*, escribe sobre el sufrimiento a través del horrible accidente de su hijo, su iglesia cerrando y teniendo cáncer, todo a la vez.

> Millones de dólares en gravámenes se colocaron en el proyecto estancado, y oscuras nubes de quiebra se extendieron por todo el ministerio. Los miembros del comité de construcción renunciaron en masa. Noche tras noche caminaba solo por la instalación de adoración incompleta. Se sentía más como una tumba que una iglesia. Y mientras caminaba, me preguntaba cómo había llegado todo a esto y cuál era el posible propósito de Dios al hacer la vida tan difícil.

En medio de todo lo que James pasó, escribió varios libros y produjo recursos increíbles para otros que experimentaron tiempos difíciles.

Los testimonios más ricos provienen de personas a las que ha reconstruido y que aún recuerdan cómo fue la ruptura.
-Beth Moore

Una de las recompensas de pasar por algo difícil es que te gana el derecho de hablar sobre la bondad de Dios. Que alguien escuche que Dios es bueno, incluso cuando te ven sufrir, lo dice todo. Si todavía puedes confiar en Dios cuando parece que te ha abandonado, entonces debes saber algo acerca de Dios que ellos no saben. Y nosotros sí lo sabemos. Sabemos que Dios ha usado mil tiempos difíciles y personas terribles para realizar Sus buenos planes. De hecho, es durante los tiempos difíciles que las personas a menudo se sienten más cercanas a Dios.

Uno de los libros cristianos más famosos de todos los tiempos es *Pilgrim's Progress (El Progreso del Peregrino)*, escrito en 1678 por John Bunyan. Fue escrito mientras Bunyan estaba en prisión. La razón por la que estaba en la cárcel era porque era un predicador bautista en un momento en que la Iglesia de Inglaterra era la única iglesia permitida.

La esposa de Bunyan murió, su hija estaba ciega, y él estaba en la cárcel. Pensarías que con todas las cosas malas que le habían sucedido, él habría estado enojado con Dios. En su lugar, escribió la historia más bella sobre un hombre que tiene que pasar por las pruebas de la vida para llegar al cielo. Bunyan toma cada temporada de nuestras vidas, y le da un nombre y un lugar. A medida que lo lees, tu alma comienza a sanar, y te das cuenta de que todos nosotros tenemos que superar los problemas. Su libro sigue siendo un *best-seller*, que casi todos los cristianos han leído, y en el que han encontrado consuelo.

Pensamientos y Oración

La paradoja del dolor es que es curativo; de alguna manera restaura nuestras almas, mientras todo el tiempo pensamos que nos dejaría en la desesperación.
-John Eldridge

Hermanos, no queremos que desconozcan las aflicciones que sufrimos en la provincia de Asia. Estábamos tan agobiados bajo tanta presión que hasta perdimos la esperanza de salir con vida: 9 nos sentíamos como sentenciados a muerte. Pero eso sucedió para que no confiáramos en nosotros mismos, sino en Dios, que resucita a los muertos. 10 Él nos libró y nos librará de tal peligro de muerte. En él tenemos puesta nuestra esperanza, y él seguirá librándonos. (2 Corintios 1:8-10).

No se inquieten por nada; más bien, en toda ocasión, con oración y ruego, presenten sus peticiones a Dios y denle gracias. (Filipenses 4:6).

Y no solo en esto, sino también en nuestros sufrimientos, porque sabemos que el sufrimiento produce perseverancia; la perseverancia, entereza de carácter; la entereza de carácter, esperanza. Y esta esperanza no nos defrauda, porque Dios ha derramado su amor en nuestro corazón por el Espíritu Santo que nos ha dado. (Romanos 5:3-5).

La alegría y el dolor juntos me desconciertan.
¿Cómo podemos tener alegría durante este tiempo desgarrador? Pero algunos de nosotros sí la tenemos. También podemos decir "gracias" a Dios porque lo conocemos. Sería

similar a ser un prisionero de guerra durante el lavado de cerebro mientras los captores dicen: "No tienes país. Nadie se preocupa por ti. No tienes a nadie que quiera tu regreso." ¿Y cómo combatiría el prisionero el aluvión de declaraciones destinadas a hacer que olvidara su patria? Las combatiría recordando cuando andaba en bicicleta por el campo, bebiendo un refresco con amigos, cuando fue a la fiesta de graduación. Combatiría las mentiras con recuerdos de la verdad.

Es lo mismo con Dios. Cuando mires a tu alrededor y solo puedas ver el dolor y la tristeza, busca en tus recuerdos y recuerda cuando se ha demostrado fiel.

La fe le agradece a Dios en el medio de la historia.
—Ann Voskamp

Dios siempre está haciendo algo.
Le he preguntado qué se supone que debo hacer. Siento que Su respuesta es: "Pasa por esto."
A lo que mi corazón grita: "¡Es muy difícil!"

El Señor recorre con su mirada toda la tierra, y está listo para ayudar a quienes le son fieles. Pero de ahora en adelante tendrás guerras, pues actuaste como un necio. (2 Crónicas 16:9)

Dios quiere mostrarse fuerte y se alegra de hacerlo a través de personas que están dispuestas a dejarlo que haga Su voluntad.

Cuando los hagan comparecer ante las sinagogas, los gobernantes y las autoridades, no se preocupen de cómo van a defenderse o de qué van a decir, porque en ese momento el Espíritu Santo les enseñará lo que deben responder. (Lucas 12:11-12)

Todo en la Biblia dice que no te preocupes ni temas. También dice que si eres cristiano, esta es Su batalla, y Él ya tiene la victoria planeada. Debemos "estar quietos."

Todavía es increíblemente difícil. Mientras miramos nuestros brazos vacíos, es fácil olvidar las cosas buenas en nuestras vidas. Podemos comenzar a preguntarnos si hay cosas buenas.

Escribe cualquier cosa por la cual estés agradecido. Si necesitas ayuda, comience con las cosas más básicas y continúa hasta que no puedas escribir más. Usa papel para terminar la lista.

La mía comenzaría con:

1. Una casa donde vivir
2. Tener comida
3. El privilegio de ser padre, cuando otros nunca tienen esa oportunidad, incluso por un corto tiempo
4. Una familia que me ama
5. Amigos
6. Dinero para pagar las cuentas
7. Esperanza

Empieza tu lista aquí:

1.

2.

3.

4.

5.

6.

7.

8.

9.

10.

Cuando le das gracias a Dios y lo alabas en medio de tus dificultades, en realidad estás presentando una ofrenda a Dios. Tu ofrenda de agradecimiento vale más para Él que el tiempo o el dinero. Uno de los regalos más preciosos que puede darle a Dios es un corazón agradecido y confianza en Él, especialmente cuando no comprendes lo que está haciendo.

Pasos a recordar:
- Tú lo superarás
- El secuestro no es algo nuevo
- Los Milagros suceden
- Dios siempre está trabajando

Ahora bien, sabemos que Dios dispone todas las cosas para el bien de quienes lo aman, los que han sido llamados de acuerdo con su propósito (Romanos 8:28).

CAPÍTULO 5

Cuando El Tiempo No Se Detiene

¿Por qué el tiempo sigue avanzando? Cada día feriado, evento especial o temporada, pienso, "Nuestro hijo debería estar en casa." ¿A Dios no le gustaría que se perdieran el verano, la Pascua o la Navidad con su familia? Sin embargo, los días pasan. Yo desempolvo su habitación. Aspiro el piso. Siembro flores en la primavera, para que cuando vuelva a casa, la vea alegre. Es la misma razón por la que decoro en Acción de Gracias y Navidad. Los regalos de nuestros hijos se quedan ahí listos y envueltos, acumulando polvo.

Cuando estuve en mi punto más bajo, grité al techo, "¿Cómo Dios? ¿Cómo pudiste permitir que nuestro hijo tuviera una vida que era grandiosa, segura y amorosa, solo para dejar que se la arrancaran así? ¿Cómo pudiste hacer esto?"

Algunos días todo lo que quería era estar sola en un campo, de rodillas, con las manos levantadas hacia el cielo, gritando, "¡Vamos Señor! ¡Separa el mar ya! Estoy cansada. Me duele ¡Estoy muy cansada! ¿Cuánto tiempo más?"

Esos fueron días difíciles.

No puedo esperar hasta que todo este lío termine, para poder dormir sin preocupaciones.

Parece que nos enfrentamos a los mismos problemas una y otra vez.

Perdona a los que no lo merecen. Espera en el dolor. Confía en Dios.
Perdona a los que no lo merecen. Espera en el dolor. Confía en Dios.
Perdona a los que no lo merecen. Espera en el dolor. Confía en Dios.
No te amargues.

Hay algunos días donde tengo que recordar que se supone que no debemos vivir con miedo. A veces se me olvida eso.

El miedo es mi enemigo constante.

"¿Qué pasa si?" juega en el borde de mi mente, esperando ser invitado.

¿Qué pasa si nuestro hijo está siendo lastimado?

¿Qué pasa si ellos no vuelven a casa?

¿Qué pasa si nos han olvidado?

¿Y si pasa de nuevo?

Y así sucesivamente.

Entonces, un día, cuando estaba clamando a Él, Dios hizo lo milagroso.

Él respondió mi, "¿Qué pasa si?"

Dios estaba escuchando.

Habrá un final para todo esto. Cómo llega a su fin, y por qué tuvimos que pasar por esto solo Dios sabe. Nuestro trabajo es representarlo a Él en todo lo que hacemos durante este tiempo.

Como Moisés les dijo a los israelitas: "—No tengan miedo—les respondió Moisés—. Mantengan sus posiciones, que hoy mismo serán testigos de la salvación que el Señor realizará en favor de ustedes. A esos egipcios que hoy ven, ¡jamás volverán a verlos!" (Éxodo 14:13)

Hitos Terribles

Cada día, semana o mes es un hito terrible. Con cada paso del tiempo, la ropa se queda va quedando pequeña, las temporadas se pierden y sentimos que ha pasado demasiado tiempo.

Cada temporada es dolorosa porque la atraviesas sin tu hijo.

Solía ser que ciertas cosas me recordarían a nuestro hijo, un juguete, un sonido, un olor. Eventualmente, todo me lo recordaba.

En Acción de Gracias invitamos a varias familias a cenar. Con nuestra familia extendida, comimos, reímos y oramos juntos. No podría haber imaginado unas vacaciones que no fueran un recordatorio de que nuestro hijo no estaba con nosotros. Ansiosa de tener gente de visita nos dio algo para anticipar.

Dios estuvo con nosotros ese día. Maravillosamente tuvimos consuelo, en lugar de devastación.

Muchas personas se acercaron a nosotros en la iglesia y dijeron que habían estado orando por nosotros durante las vacaciones. Sus comentarios solo confirmaron la sensación que tuve de que, en diferentes momentos del día, alguien oraba. Obviamente, no era nuestra Navidad normal. No pudimos entrar en el ritmo habitual. La media de nuestro hijo colgaba, vacía.

Tuve que detenerme antes de que pudiera perderme en un recuerdo, o comenzar a pensar en lo que nuestro hijo estaba haciendo en ese momento exacto. Tuve que entregarle mis preocupaciones a Dios para que Él se las llevara, y lo hizo.

Tuvimos una sensación de paz el día de Navidad. No estábamos llorando, preocupados por nuestro hijo. Periódicamente cada uno de nuestros ojos se llenó de lágrimas, y la risa fue forzada, pero Dios nos dio un regalo esa Navidad. Su regalo para nosotros fue la paz para ese momento.

En medio de todo esto, algunas personas nos han dicho que nos rindamos. No estaban tratando de ser crueles; estaban tratando de liberarnos del dolor de la esperanza. Podría decir que les rompía el corazón vernos lastimados. Pero todavía era difícil para nosotros escuchar. Reaccionar agresivamente a cualquiera que alguna vez hizo una observación insensible solo les haría temer decir algo, y eventualmente nos convertiría en extraños.

No quiero pasar por esto sola.

Alguien nos dijo una vez que cuando comparamos nuestra situación con los niños refugiados moribundos en Siria, la nuestra no era tan mala. Pensé en *Men in Black* cuando a un personaje se le dice que es mejor haber amado y perdido, luego nunca haber amado en lo absoluto, y el personaje responde: "¡Inténtalo!." Puedes verlo en MarieWhiteAuthor.com. Haz clic en la pestaña "Fortaleza para Padres."

También debo evitar la tendencia a volverme demasiado crítica con los demás. En cambio, tú y yo necesitamos ver sus corazones. Cualquier cosa que alguien nos diga durante este tiempo puede caernos mal. Incluso cuando alguien dice que todo estará bien, quiero gritar: "¿Cómo lo sabes?"

En días fríos, me pregunto si mi hijo tiene frío. Cuando las noticias dicen que un niño ha sido herido o que una casa se ha incendiado, miro para ver si la imagen de nuestro hijo aparece en la pantalla. Pero no es así, y el mundo sigue girando.

¿A qué hora van a la cama? ¿A qué hora se despiertan? ¿Alguien presta atención a sus necesidades?

Cuando empiezo a pensar en estas cosas, recuerdo que tengo que dejar esas preguntas en las manos de Dios y dejarlas ir. Tengo que confiar en Él.

Sé que el tiempo no se detiene para nadie. Ojalá lo hiciera. Yo detendría el tiempo hasta que nuestro hijo llegara a casa, y entonces el tiempo podría comenzar de nuevo.

¿Cómo respondemos la pregunta de cuántos hijos tenemos? ¿Cómo respondemos cuando alguien nos pregunta dónde está nuestro hijo desaparecido? Esas preguntas duelen cada vez.

Todavía tengo días en los que pienso que esto es demasiado; cuando todo lo que sé sobre Dios y Su plan, no importa. El dolor es demasiado. No puedo entender cuál es la razón. Pero esos días vienen cada vez menos, y habiéndolos vivido antes, sé que pasarán. Ahora, espero ver cuántos días durarán. Algunas veces es solo un día, y algunas veces cuatro o cinco. Esos largos hechizos son los más difíciles. Nunca estoy segura de qué es lo que me emociona. ¿Será el recuerdo o el dolor?

A veces entierro el dolor hasta que termina, y a veces me doy por vencida. La única diferencia es que en un caso estoy insensible, y en el otro lloro. Entonces, un día me despierto y se va. Otra prueba pasó, otra crisis evitada. Y soy más fuerte para la próxima, porque ahora sé que no durará para siempre.

Hay momentos en que todo lo que he hecho ha sido ver TV en exceso para pasar las horas sin pensar en mi hijo. A veces elijo una película con un final feliz solo para recordarme que hay finales felices.

Por cierto, mi casa siempre está tan limpia como un alfiler. Sigo pensando que si solo puedo organizar mi vida, Dios traerá a nuestro hijo a casa. Sé que solo me estoy engañando a mí misma.

Durante años he buscado en vano un artículo que creo que estaba en la revista *Focus on the Family* (*Enfoque en la Familia*). Era sobre una pareja cuyo hijo había muerto. Fue inesperado, por lo que pudo haber sido un accidente automovilístico, pero el artículo trataba de que ellos estaban subiendo a su hija con necesidades especiales en el autobús escolar. El conductor del autobús les preguntó cómo estaban sobrellevando la situación, y dijeron lo más inesperado. Dijeron que si su hijo no hubiera muerto, nunca habrían adoptado a su hija, y no conocerla habría sido una tragedia aún mayor.

No entendí eso.

Pero, creo que podría entenderlo ahora.

Dios todavía puede dar alegría en medio del dolor.

Hubiera sido imposible para alguien acercarse a esta familia cuando perdieron a su hijo y decirles que perder a su hijo los llevaría a otro amor, a otro propósito. Eso habría sido cruel decirlo en el funeral de su hijo. Sin embargo, eso es exactamente lo que Dios les dijo y les mostró. Es casi como si descubrieran cómo "Alégrense en la esperanza, muestren paciencia en el sufrimiento, perseveren en la oración." (Romanos 12:12)

Nunca quiero que nadie esté solo en su sufrimiento. Por esa razón, llamé a personas que no conocía para decirles que puedo identificarme con lo que están pasando.

Estoy dispuesta a arriesgar su rechazo ante la posibilidad de que alguien que está sufriendo tanto como yo lo he hecho, pueda encontrar consuelo al hablar con alguien que también es padre de un hijo desaparecido.

Pablo lo dice así: "Alabado sea el Dios y Padre de nuestro Señor Jesucristo, Padre misericordioso y Dios de toda consolación, quien nos consuela en todas nuestras tribulaciones para que, con el mismo consuelo que de Dios hemos recibido, también nosotros podamos consolar a todos los que sufren. Pues, así como participamos abundantemente en los sufrimientos de Cristo, así también por medio de él tenemos abundante consuelo." (2 Corintios 1: 3-5)

Por fe podemos elegir el futuro sobre el momento.
—James MacDonald

En *The Prayer of Jabez* (La Oración de Jabez), Bruce Wilkinson está explicando a su mentor que se siente asustado, confundido y fuera de su elemento. Su mentor dice, "esa sensación de la que estás huyendo se llama dependencia. Significa que estás caminando con el Señor Jesús. En realidad, el segundo en el que no te sientes dependiente es el segundo en el que te has alejado de vivir verdaderamente por la fe."

Bruce le pregunta: "esa sensación de que no puedo hacerlo es lo que se supone que debo sentir?" Su mentor continúa: "Como elegidos de Dios, hijos e hijas bendecidos, se espera que intentemos algo lo suficientemente grande como para que el fracaso esté garantizado... a menos que Dios intervenga."

> La fe no elimina las preguntas.
> Pero la fe sabe a dónde dirigirlas.
> —Elisabeth Elliot

La Biblia dice: "Ahora bien, la fe es la garantía de lo que se espera, la certeza de lo que no se ve." (Hebreos 11:1)

Al igual que *Indiana Jones*, se supone que debemos dar un salto de fe desde la boca del león. Pero, al igual que la película, vamos a descubrir que no es necesario ningún salto. Lo que parece una situación imposible no es problema para Dios. Él siempre está ahí para evitar que caigamos en el abismo.

Cada una de nuestras batallas es diferente, pero como cristianos, estamos del lado ganador entre el bien y el mal. Estamos destinados a ser guerreros.

Durante este juicio de mi fe, ha habido varias pruebas de mi integridad. Momentos en los que tenía que elegir: confiar en Dios o tomar las cosas en mis manos.

Tú y yo debemos aferrarnos a nuestra integridad, incluso frente al mal.

Se necesita todo en mí para volver a levantarme después de uno de los puñetazos del enemigo. Alguien que está luchando en nombre de tu hijo a veces te pateará por detrás, agregando insulto a la lesión. Puedes preguntar, "Señor, ¿cuándo vas a defendernos?"

Recuerda que esta vida es solo un campo de entrenamiento para la eternidad. Estamos llamados a amar y preocuparnos por este mundo, manteniendo nuestros ojos enfocados en el cielo. No sé cómo podemos hacer eso sin descontar esta vida en la que estamos. ¿Dónde está el equilibrio? ¿Cómo nos preocupamos por esta vida y la gente en ella sin perder nuestro enfoque en la eternidad?

> Mi conocimiento de esta vida es pequeño,
> El ojo de la fe es tenue;
> Pero es suficiente que Cristo lo sabe todo,
> Y estaré con él.
> —Richard Baxter

Un Sacrificio

Dios ilustró su deseo de tener todo nuestro corazón cuando le pidió a Abraham que sacrificara a su hijo. Pudo haberle pedido a Abraham muchas otras cosas. Dios podría haberle dicho a Abraham que sacrificara todo su ganado. Eso hubiera hecho a Abraham indigente. Pero Dios no pidió eso.

Dios escogió el hijo de la esposa favorita de Abraham, el mismo hijo que Dios había prometido, y le pidió a Abraham que sacrificara lo que era más precioso para él.

Lo mismo con José, el bisnieto de Abraham. Jacob tuvo doce hijos, y su favorito era José. A través de una serie retorcida de eventos, Dios tomó a José de Jacob.

Dios también hizo esto con Job. Un padre devoto, Job se tomó su tiempo enseñando a sus hijos, entrenándolos, amándolos y sacrificándolos por ellos. Cuando Satanás atacó a Job, tomó el ganado de Job y sus siervos, pero nada golpeó a Job como la muerte de sus hijos.

Finalmente, Dios lo hizo a sí mismo, con su propio hijo. Es casi como si Dios dijera: "Quiero que estés dispuesto a cuidar, sacrificar y amar a la gente de este mundo en abundancia. Y quiero que estés dispuesto a renunciar a ellos con solo un chasquido de dedos."

Un sacrificio es solo un sacrificio si significa algo. Dios quiere que nos importemos. Cuando nos importa, invertimos. Cuando invertimos, estamos conectados. Cuando estamos conectados, duele dejarlo ir. Cuando Dios dice que debemos dejarlo, debemos confiar en él. Cuando confiamos en Él, estamos íntimamente conectados con Él.

Jesús dijo: "Yo soy la vid y ustedes son las ramas. El que permanece en mí, como yo en él, dará mucho fruto; separados de mí no pueden ustedes hacer nada." (Juan 15: 5)

Todavía tengo días en los que dudo de que Dios tenga todo bajo control y cuestiono Sus motivos. Tengo amplia evidencia a mi alrededor de que Dios es bueno, pero todavía me pregunto sobre eso.

Tú y yo olvidamos que Dios escucha nuestros corazones y responde incluso nuestras oraciones sin mencionarlas.

¿Has perdido tu fe? ¿Te ha agobiado esta dura prueba? ¿Hay alguna evidencia de que Dios está trabajando en tu vida? ¿Hay alguna cosa buena en tu vida que indique que Dios está contigo y para ti?

El Señor le dijo a Moisés: "—¿Hasta cuándo esta gente me seguirá menospreciando? ¿Hasta cuándo se negarán a creer en mí, a pesar de todas las maravillas que he hecho entre ellos?" (Números 14:11)

> Dios nunca niega a Su hijo lo que Su amor y sabiduría consideran bueno. Las negativas de Dios son siempre misericordiosas, "misericordias severas" a veces pero misericordias de todos modos. Dios nunca nos niega el deseo de nuestros corazones, excepto para darnos algo mejor. —Elisabeth Elliot

Hay una actitud que hace que todos nuestros problemas se desvanezcan en un segundo plano. Es poderoso y virtuoso y está disponible en cualquier momento. Veamos cómo aprovechar ese poder en el próximo capítulo.

Nuestros problemas parecen ser más de lo que podemos soportar, hasta que vemos lo que otros han pasado y superado.

Ahora bien, sabemos que Dios dispone todas las cosas para el bien de quienes lo aman, los que han sido llamados de acuerdo con su propósito (Romanos 8:28).

CAPÍTULO 6

Culpa— El Daño Oculto

"A veces ganas y a veces _____."

¿Pusiste la palabra "pierdes" en el espacio en blanco? En cambio, escribe la palabra "aprendes."
Sé que ya has pensado en todo lo que hubieras hecho de manera diferente si hubieras sabido la última vez que tuviste a tu hijo, que sería la última vez que tendrías a tu hijo. No podemos retroceder las manillas del reloj, y si aprendemos de ellas, estas experiencias no tienen que ser errores.

En la película, *The Secret Life of Walter Mitty* (*La Vida Secreta de Walter Mitty*), Walter perderá su trabajo si no puede encontrar un hombre importante. Su vida ha sido simple y ordinaria. Él anhela más, pero las presiones de la vida lo han hecho sentir como si lo aburrido era todo lo que podía lograr. Cuando tiene que encontrar a este hombre, por primera vez en su vida, *hace lo que siempre ha querido* hacer. Walter emprende un viaje épico y descubre al hombre que realmente es. Tiene que pasar por una crisis para cambiar su vida. Esta es tu crisis.

> Las personas cambian cuando sufren tanto que tienen
> que hacerlo; aprenden lo suficiente que desean hacerlo,
> y reciben tanto que están en condiciones de hacerlo.
> —John Maxwell

Si tu vida fuera una película, este sería el momento decisivo. Esta es la parte en la que la audiencia se preguntaría: ¿esta tragedia te aplastará o te empujará hacia cosas más grandes? ¿Deseas que tu hijo regrese, solo para darte cuenta de que te derrumbaste en el suelo? ¿O quieres estar más fuerte, mejor y con más control que nunca?

Es hora de reevaluar tu vida.

Si este evento es un punto de inflexión en tu historia, entonces, para seguir adelante, debes abordar todo lo que te está reteniendo. Además del dolor, también hay algo más que te agobia.

Hay días en los que sientes que te mereces esto.

¿Realmente has hecho algo tan terrible que Dios tuvo que alejar a tu hijo y *hacerlo* pasar por esto?

Voy a suponer que no has hecho nada para hacerte merecedor de este castigo. Eso significa que Satanás te está mintiendo cuando susurra: "Mereces esto. Todo es tu culpa." O tal vez te estás mintiendo a ti mismo. Cosas malas le pasan a la gente buena también.

En caso de que estés atascado con la idea de que merezcas este castigo, investiguemos un ejemplo de causa y efecto, y veamos si cumple con tus expectativas para la justicia de Dios.

Valdría la pena leer toda la historia de la vida del rey David, en 2 Samuel capítulos 11 y 12. Esa parte de la Biblia realmente te ayuda a entender el programa de entrenamiento que Dios tiene para cada uno de nosotros.

David era un hombre piadoso, a quien Dios solía hacer actos increíbles. Pero por un momento, vamos a ver cuando David hizo algunas cosas terribles.

2 Samuel capítulo 11 comienza, "En la primavera, en el momento en que los reyes van a la guerra, David envió a Joab con los hombres del rey... Pero David se quedó en Jerusalén."

¿Cuál era la posición real de David?

¿Dónde estaba David?

Entonces, en el momento en que los reyes van a la guerra, el Rey David no iba a la guerra. Ese es el primer problema.

> Una tarde, al levantarse David de la cama, comenzó a pasearse por la azotea del palacio, y desde allí vio a una mujer que se estaba bañando. La mujer era sumamente hermosa, por lo que David mandó que averiguaran quién era, y le informaron: "Se trata de Betsabé, que es hija de Elián y esposa de Urías el hitita." Entonces David ordenó que la llevaran a su presencia y, cuando Betsabé llegó, él se acostó con ella. Después de eso, ella volvió a su casa. Hacía poco que Betsabé se había purificado de su menstruación, (2 Samuel 11:2-4.)

¿Qué vio mientras holgazaneaba en la azotea?

¿Qué hizo él al respecto?

Entonces, mientras el rey David estaba bordeando sus deberes como rey, vio a una mujer desnuda y casada, y en lugar de darse la vuelta, se acostó con ella.

"La mujer concibió y envió un mensaje a David, diciendo: 'Estoy embarazada'."

¿Cuántas movidas equivocadas hizo el Rey David?

¿Crees que esas acciones fueron lo suficientemente malas como para que Dios castigara a David?

No fue a trabajar, tuvo una aventura y de ella resultó un niño. Las transgresiones de David no terminan allí. Luego envía un mensaje a uno de sus soldados, Joab. Le dice a Joab que mate al marido de la mujer.

"En la mañana David escribió una carta a Joab y la envió con Urías. En la misma escribió: "Pon a Urías al frente donde la lucha es más feroz." Entonces retírate de él para que sea derrotado y muera'."

¿Eso suena como el comportamiento de un hombre piadoso?

"Cuando la esposa de Uriah se enteró de que su esposo había muerto, ella lloró por él. Después de que el tiempo de luto había terminado, David la llevó a su casa, y ella se convirtió en su esposa y le dio un hijo. Pero lo que David había hecho desagradó al Señor."

Ahora bien, si tú y yo estuviéramos en el jurado de un juicio por homicidio en el que un hombre no hizo su trabajo, tuvo una aventura amorosa, un niño fue concebido y luego el hombre asesinó al esposo de aquella mujer, puedo suponer que le pediríamos al juez una dura sentencia.

El Señor envió a Natán para que hablara con David. Cuando se presentó ante David, le dijo:

—Dos hombres vivían en un pueblo. El uno era rico, y el otro pobre. El rico tenía muchísimas ovejas y vacas; en cambio, el pobre no tenía más que una sola ovejita que él mismo había comprado y criado. La ovejita creció con él y con sus hijos: comía de su plato, bebía de su vaso y dormía en su regazo. Era para ese hombre como su propia hija. Pero sucedió que un viajero llegó de visita a casa del hombre rico y, como este no quería matar ninguna de sus propias ovejas o vacas para darle de comer al huésped, le quitó al hombre pobre su única ovejita.

Tan grande fue el enojo de David contra aquel hombre, que le respondió a Natán:

—¡Tan cierto como que el Señor vive, que quien hizo esto merece la muerte! ¿Cómo pudo hacer algo tan ruin? ¡Ahora pagará cuatro veces el valor de la oveja!

Entonces Natán le dijo a David:

—¡Tú eres ese hombre! Así dice el Señor, Dios de Israel: "Yo te ungí como rey sobre Israel, y te libré del poder de Saúl." (2 Samuel 12:1-7)

David rogó a Dios por el perdón, y si bien habría una consecuencia para sus acciones, era mucho más suave de lo que podría haber sido. Pensaría que Dios quitaría el reino de David, su palacio, su dinero, su reputación, su apoyo familiar, Betsabé y su hijo.

Pero eso no fue lo que Dios hizo.

Dios tomó al bebé que concibieron en el adulterio.

David primero, no fue a la guerra por su país; segundo, jugaba el mirón de una mujer casada; tercero, tuvo sexo con ella; cuarto, concibió un hijo ilegítimo; quinto, intentaron encubrirlo; y sexto, habían asesinado a un hombre inocente.

¿En qué punto de la historia Dios finalmente promulgó el castigo sobre David? No fue sino hasta el sexto pecado que Dios finalmente dijo, ya es suficiente.

No te conozco, pero sé que no he hecho nada como lo que hizo David. Dios sabe todo lo que he dicho o hecho alguna vez, y aunque no soy perfecto, no merezco que mi hijo sea arrancado de mí. Dejemos de engañarnos a nosotros mismos con eso de que el paquete de chicle que robaste cuando tenías cinco años hace que perder a tu hijo sea un castigo apropiado. Este no es un evento de causa y efecto. No lo causaste, y Dios no te está castigando.

No eres perfecto. Pídele a Dios que te perdone, y luego continúa. Una paráfrasis del Salmo 103: 11-17 de *The Message* (*El Mensaje*) dice:

Dios hace que todo salga bien;
él pone a las víctimas de nuevo en pie.
Mostró a Moisés cómo se ocupó de su trabajo,
abrió sus planes a todo Israel.
Dios es pura misericordia y gracia;
no fácilmente enojado, él es rico en amor.
Él no regaña o reprende interminablemente,
ni guardar rencores para siempre.
Él no nos trata como nuestros pecados lo merecen,
ni nos devuelve totalmente el castigo por
nuestros errores.
Tan alto como el cielo está sobre la tierra,
tan fuerte es su amor para aquellos que le temen.
Y en cuanto a la salida del sol desde el atardecer,
Él nos ha separado de nuestros pecados.
Como los padres se sienten por sus hijos,
Dios se siente por los que le temen.
Él nos conoce por dentro y por fuera,
tiene en cuenta que estamos hechos de barro.
Los hombres y las mujeres no viven mucho;
como flores silvestres brotan y florecen,
pero una tormenta los apaga igual de rápido,
sin dejar nada que demuestre que estuvieron
aquí. El amor de Dios, sin embargo, está por
siempre y para siempre, eternamente presente
a todos los que le temen,

No dejes que Satanás te mienta. Ya estás destrozado, no permitas que te derroten.

Oblígate a ir a la iglesia todas las semanas. Lee la Biblia todos los días. Únete a un estudio de la Biblia Necesitas flexionar tus músculos espirituales y mostrar al Diablo que no tiene poder sobre ti. El objetivo del diablo es separarte de Dios y del pueblo de Dios. Él quiere destruirte física, espiritual y emocionalmente. No permitas que gane. Si logras superar esto —y yo soy la prueba viviente de que puedes hacerlo— entonces serás más fuerte de lo que alguna vez pensaste que era posible.

Hay un guerrero dentro de ti. ¡Por el bien de tu hijo, déjalo salir!

Pasos para recordar:
- A veces ganas y a veces aprendes.
- Deja de creer que te mereces esto
- Libera a tu guerrero interno

Ahora bien, sabemos que Dios dispone todas las cosas para el bien de quienes lo aman, los que han sido llamados de acuerdo con su propósito (Romanos 8:28).

Capítulo 7

Dos Mitades de un Corazón Roto

Algunos días estoy paralizada, solo pasando el día. Otros días estoy llena de esperanza, esperando con voz contenida un correo electrónico, una llamada o un timbre que indiquen que nuestro hijo volverá a casa.

Al igual que el profeta Oseas, a quien Dios ordenó casarse con una prostituta, se nos ha confiado un testimonio duro.

James MacDonald dijo: "Por fe, puedo elegir el futuro en este momento." Tenemos que elegir el futuro, porque este momento está lleno de dolor.

Jesús dijo: "Dichosos los que lloran, porque serán consolados." (Mateo 5: 4)

Tengo que detenerme cuando empiezo a imaginar qué cambiado estará nuestro hijo cuando regrese, o cuando trato de imaginarme recibiendo las peores noticias. Me recuerdo a mí misma que no debo afligirme antes del duelo. Si lo peor nunca sucede, entonces no he llorado por nada, y si pasa, entonces llegará el momento del duelo. No necesito hacerlo dos veces.

Hay varias historias paralelas que están sucediendo simultáneamente mientras nuestro hijo está desaparecido. Podemos ver algunas de las cosas que Dios está haciendo, y hay cosas de las que no sabemos nada.

Una historia que vemos es que este es el enemigo que persigue a nuestra familia por ser cristianos. Otro aspecto es que nuestra familia está desarrollando sus músculos espirituales. Nuestra fe también está siendo probada, para que podamos aprender a confiar en Dios sin importar las circunstancias.

Experimentar tener un hijo desaparecido también nos ha llevado a otras oportunidades de ministerio, nuevas amistades y la posibilidad de amar a personas que nunca hubiéramos conocido.

Nos encargan la tarea de llevar la luz a lugares oscuros y luchar por el futuro de un hijo que vale todo esto.

Es un privilegio ser usado por Dios de esta manera. La Biblia dice que si podemos permanecer fuertes y perseverar, entonces veremos un buen resultado. El tiempo de Dios es perfecto.

> No nos cansemos de hacer el bien, porque a su debido tiempo cosecharemos si no nos damos por vencidos. (Gálatas 6:9)

He buscado la Biblia y he escuchado cientos de canciones cristianas. En ninguna parte puedo encontrar una canción que diga rendirse, tomar el camino más fácil o desesperarse. Cada versículo dice lo opuesto. Sigan esperando, sigan intentándolo, sigan esforzándose de puntillas para ver más allá del horizonte, lo bueno que Dios hará de este evento.

Hay evidencia de lo milagroso a nuestro alrededor.

> *Ser valiente no se supone que sea fácil.* —Sam Berns

¿Has descubierto que la familia se ha vuelto aún más valiosa para ti? ¿Sientes que en cualquier momento esta podría ser la última vez que los veas? ¿Estás empezando a preguntarte si Dios te llevará a través de más luchas?

A veces estoy llena de celos y enojo por la idea de que alguien más tenga a mi hijo. Veo familias juntas y clamo a Dios: "¿Por qué ellos pueden tener a sus hijos y nosotros tenemos que pasar por *esto*?" Quiero agarrar a cada persona por los hombros y decirles que necesitan saborear cada momento juntos.

Hay un espacio vacío en mi corazón que nada puede reemplazar.

En esos momentos es más difícil llevar cada pensamiento cautivo.

Susurro: "Señor, por favor utiliza nuestro dolor para tu gloria."

Tenemos que luchar contra el impulso de convertirnos en lo que estamos luchando. Esta batalla contra el mal se disfraza como otra cosa. Tal vez tu batalla parece estar en contra de una persona o una acción, pero la realidad es que es contra el mal, y esa persona es solo un peón.

Debes luchar para no amargarte y desquitarte con las personas que te rodean. Recuérdate a ti mismo con quién estás luchando. La Biblia dice:

> Por último, fortalézcanse con el gran poder del Señor. Pónganse toda la armadura de Dios para que puedan hacer frente a las artimañas del diablo. Porque nuestra lucha no es contra seres humanos, sino contra poderes, contra autoridades, contra potestades que dominan este mundo de tinieblas, contra fuerzas espirituales malignas en las regiones celestiales. Por lo tanto, pónganse toda la armadura de Dios, para que cuando llegue el día malo puedan resistir hasta el fin con firmeza. Manténganse firmes, ceñidos con el cinturón de la verdad, protegidos por la coraza de justicia, y calzados con la disposición de proclamar el evangelio de la paz. Además de

todo esto, tomen el escudo de la fe, con el cual pueden apagar todas las flechas encendidas del maligno. Tomen el casco de la salvación y la espada del Espíritu, que es la palabra de Dios. Oren en el Espíritu en todo momento, con peticiones y ruegos. Manténganse alerta y perseveren en oración por todos los santos. (Efesios 6:10-18)

¡Todavía estas aquí! Algunos días eso tendrá que ser suficiente. Hay momentos en los que te sientes como si estuvieras en una guerra y bajo un "silencio de radio" mientras esperas a que alguien responda. En esos momentos, sigue orando por la fortaleza para sobrevivir este día. Sé que cada minuto parece durar una hora. Además, ora para que las personas malvadas en tu vida cambien sus corazones y para que Dios te reivindique. "Mía es la venganza; yo pagaré." (Romanos 12:19)

El programa de entrenamiento de Dios incluye aprender a amar lo que no se puede amar.

Es casi como si Dios estuviera poniendo a la gente frente a nosotros y pidiéndonos que los amemos a pesar de ellos mismos. ¿Podemos amar a los que nos odian? ¿Podemos amar a aquellos que no se aman a sí mismos? ¿Podemos amar a aquellos que lastiman a los que amamos?

> No tomen venganza, hermanos míos, sino dejen el castigo en las manos de Dios, porque está escrito: "Mía es la venganza; yo pagaré," dice el Señor. (Romanos 12:19)

Tú y yo luchamos con el miedo, la culpa, los celos, la desesperanza y la montaña rusa emocional de Jekyll y Hyde en la que estamos. Todo parece abrumador. Un día quieres rendirte, y al día siguiente parece que la victoria está a la vuelta de la esquina.

La única emoción que todo el mundo espera que tengas es miedo. De lo que no se dan cuenta es cuán debilitante es el miedo. No puedes rendirte al miedo.

¿Recuerdas cómo te sentiste esos primeros días?

Cada vez que lograste superar una hora, un día completo o una llamada telefónica, y sobreviviste, descubriste que eras más fuerte de lo que pensabas.

Solía despertar cada mañana mirar el techo y decir: "Solo somos tú y yo, Señor. Hagámoslo."

> Y así, sentado al lado de mi padre en el compartimiento del tren, de repente pregunté: "Padre, ¿qué es el sexo?" Se giró para mirarme, como hacía siempre cuando respondía una pregunta, pero para mi sorpresa no dijo nada. Por fin se paró, levantó su maletín de viaje del asiento y lo dejó en el suelo. "¿Lo llevarás fuera del tren, Corrie?" él dijo. Me puse de pie y tiré de él. Estaba abarrotada de los relojes y las piezas de repuesto que había comprado esa mañana. "Es demasiado pesado," dije. "Sí," dijo, "y sería un padre bastante pobre el que le pediría a su pequeña niña que cargara esa carga. Es lo mismo, Corrie, con conocimiento. Algunos conocimientos son demasiado pesados para los niños. Cuando seas mayor y más fuerte, podrás soportarlo. Por ahora debes confiar en que yo lo llevaré por ti."
> -Corrie Ten Boom

Al igual que Corrie, tú y yo tenemos que dejar que Dios lleve nuestras cargas por nosotros. Todavía no conocemos las respuestas a nuestras preguntas, y tratar de resolverlas solo nos hace arder de ira y resentimiento. Si elegimos confiar en Dios, entonces debemos confiar en Sus motivos para ser buenos y puros. La confianza es una elección. Al igual que Moisés, puedes elegir confiar.

En la historia del Éxodo, Moisés se va durante cuarenta días. Durante esos cuarenta días, la mayoría de la gente se desesperó, pensando que Moisés había muerto. Pero, tenemos que poner esto en contexto. Esto fue *después* de que Dios les había dado las señales y maravillas de las diez plagas. *Después* de que Dios había provisto agua en el desierto. *Después* de que Dios les había enviado pan del cielo. Sin embargo, aquí están, pasando por cuarenta días de silencio, ¿y toda su confianza en Dios se ha ido?

Lo cual plantea la pregunta, ¿acaso hubo alguna confianza en Él desde el principio? ¿O solo creyeron porque vieron?

Antes de que Dios realizara estos milagros, le dijo a Moisés que separaría el Mar Rojo y mataría a los egipcios para que, "Y cuando me haya cubierto de gloria a costa de ellos, los egipcios sabrán que yo soy el Señor. (Éxodo 14:18)

Dios *quería* mostrar Su gloria.

Si eres Cristiana(o), entonces en tu historia y la mía, Dios también quiere mostrar Su gloria. Estoy dispuesta a esperar hasta que lo vea, ¿y tú?

> No creo que Dios confíe en alguien con tanto dolor. El mundo aún no ha visto lo que Dios puede hacer con un hombre que le da las dos mitades de un corazón roto. Y no dudo que un hombre así pueda cambiar el mundo... o al menos una pequeña parte de él. -Chris Fabry

Dios ya nos ha llevado a través de tiempos de silencio, donde tuvimos que depender de Él, y Él se ha mostrado fiel. Ahora, es hora de que usemos esos músculos espirituales para llegar al final de este viaje.

¡Podemos hacer esto!

Oh, ¿a quién estamos engañando? No podemos hacer esto
Pero con Dios podemos.

> Ahora bien, sabemos que Dios dispone todas las cosas para el bien de quienes lo aman, los que han sido llamados de acuerdo con su propósito (Romanos 8:28).

Promesas del Saco de Papas

Tres días después de que nos quitaron a nuestro hijo, le di permiso a mi cuerpo para vomitar. Tenía ganas de vomitar desde el primer día, pero fue una respuesta tan extraña que no pude contenerla. Creo que lo vi como debilidad. El tercer día, de repente me di cuenta de que estaba bien no estar bien.

Olvídate de dormir por la noche. Estaba devastada, hambrienta y llena de terror. Parecía que el mal estaba a mi alrededor. Ya sabes lo insoportables que son esas noches. Intentaría orar toda la noche mientras escuchaba audiolibros o sermones. Intenté todo lo que pude pensar para evitar que mi mente corriera y pudiera escapar del terror. Nada funcionó.

Cuando los días se convirtieron en semanas y las semanas se convirtieron en meses, mi cuerpo comenzó a calmarse.

Sin embargo, unos meses después, una novedad de nuestro hijo me envió a la misma espiral. La adrenalina, el cortisol, el nudo estomacal, la tensión y la sensación de maldad regresaron apresuradamente.

Pero algo había cambiado desde los primeros días, y ya no cedía a esos sentimientos. En cuestión de minutos, el terror desapareció.

Yo había cambiado

Ya no me aferraba a las promesas del saco de papas.

El autor Don McClure escribió sobre un divertido ejercicio que recibió por correo electrónico. Decía:

> Comience poniéndose de pie en su cubículo con un saco de papas de cinco libras en cada mano, luego extienda los brazos hacia afuera. Mantenga sus brazos así durante un minuto al principio. Usando la misma técnica, siga con sacos de papas de diez libras después de una semana o dos. Mantenga sus brazos

extendidos hacia afuera un poco más de tiempo, a medida que aumente su fuerza. Con el tiempo, podrás sostener sacos de papas de hasta veinticinco libras, luego sacos de cincuenta libras, y un día, con solo repetir este ejercicio, podrás sostener un saco de patatas de cien libras en cada mano por un minuto completo. Una vez que hayas alcanzado ese nivel, comienza a poner algunas papas en los sacos y continúa con la rutina de ejercicios.

Don continúa explicando que cuando al principio encontramos un problema, nos aferremos a un versículo como Gálatas 6:9 que dice: "No nos cansemos de hacer el bien, porque en el momento oportuno cosecharemos los frutos si no nos rendimos" Al principio es un saco vacío, "A veces es todo lo que podemos hacer para aferrarnos al saco, solo la promesa por sí misma." Luego dice que Dios "le da a alguien un versículo que está vacío, casi sin sentido en el momento en que se le da, más allá de cualquier esperanza o sueño, y Él los mueve como lo hizo con Abraham."

A medida que pasamos por tiempos difíciles, Dios pone las papas en nuestro saco, una por una.

Luego, mientras Abraham camina con Isaac por la montaña, se da cuenta de que "Dios pasó cincuenta años haciendo a Abraham igual a la promesa... Después de cincuenta años de sostener un saco de patatas que dice cien libras en el exterior, contiene cien libras en el interior- ¡y él lo sostiene!"

Esa es una hermosa ilustración de lo que las tarjetas de inspiración en la parte posterior de este libro han sido para mí. Al principio parecían demasiado buenas para ser verdad.

Te preguntas:

¿Dios me dará fuerza cuando tenga ganas de darme por vencida(o)? (1 Pedro 5:6-11)

¿Él promete cumplirme? (Salmo 119:170b)

¿Dios me responderá? (Salmo 120:1)

¿Cómo puede Dios respondernos o ayudarnos a seguir? No es como si una voz que sale de las nubes va a sacudir la casa. Entonces llega un día en que no puedes pasar un momento más y sucede algo milagroso. No solo sigues adelante, sino que un amigo dice la respuesta exacta a tu oración tácita. La radio reproduce una canción especial que no has escuchado en años. Las palabras en la Biblia saltan de la página en respuesta a tu decisión más difícil. Y tus ojos se llenan de lágrimas mientras susurras: "Tú sí respondes Señor."

Casi siempre encontramos que hay una brecha entre Dios haciendo una promesa y Dios cumpliéndola. Esa brecha está allí para desarrollar nuestra confianza en él.

En *El Señor de los Anillos*, Tolkien escribió: "No sé cómo decirlo, pero después de lo de anoche me siento diferente." Parece que veo más allá, en cierto modo. Sé que vamos a tomar un largo camino, a la oscuridad; pero sé que no puedo devolverme."

Dios te está fortaleciendo para hacerte igual a la tarea que Él te ha puesto por delante.

Ahora tomen sus armas, guerreros, y sigamos presionando hacia la victoria.

> Ahora bien, sabemos que Dios dispone todas las cosas para el bien de quienes lo aman, los que han sido llamados de acuerdo con su propósito (Romanos 8:28).

CAPÍTULO 8

No Estás Solo

Las semanas se convirtieron en meses, nuestro hijo todavía no estaba en casa y la vida comenzó a tomar un nuevo ritmo.
Estas fueron las cosas que aprendimos:

1. Todavía puedes recuperarte de una pérdida devastadora.
2. Hay esperanza de una nueva vida normal.
3. Eres más fuerte de lo que crees, porque no creías que podías manejar esto, pero aquí estás.
4. "Uno nunca puede aprender que Cristo es todo lo que necesitas, hasta que Cristo es todo lo que tienes." -Corrie Ten Boom
5. Todavía hay alegría en medio del dolor devastador, cuando conoces a Dios.
6. Dios nunca está más cerca que cuando estás sufriendo.
7. "Dios susurra en nuestros placeres, pero grita en nuestro dolor." CS Lewis

8. No puedes rendirte a las mentiras del enemigo.
9. Dios es fiel; Él no te dejará ser tentado más allá de lo que puedas soportar. Pero cuando seas tentado, Él también te dará una salida para que puedas soportarlo (1 Corintios 10:13).
10. Dios es real. Dios es digno de confianza. Dios es bueno.

Todos los rescates son de Dios. Puede haber unos pocos días de silencio, pero sigue aferrándote a él.

> Ningún ojo ha visto, ningún oído ha escuchado, ninguna mente humana ha concebido lo que Dios ha preparado para quienes lo aman (1 Corintios 2:9).

La mayoría de nosotros nos hacemos escenarios mentales de lo que haríamos si tal cosa sucediera. Sin embargo, ni tú ni yo hemos reaccionado a este escenario de ninguna de las formas que alguna vez imaginamos.

Somos soldados, y se nos han dado órdenes específicas en esta batalla. Este es el viaje que tú y yo debemos tomar. Se supone que debemos vivir como si no tuviéramos miedo. Se supone que debemos inclinarnos, incluso cuando no parece justo. Estamos destinados a luchar por los débiles y defenderlos. En el proceso, descubriremos cuán débil (o fuerte) es nuestra fe. Aprenderemos a mantener nuestros ojos enfocados solamente en Dios.

Este tipo de vida quedó hermosamente ilustrada cuando Moisés fue al Faraón y dijo que Dios quería que los israelitas le adoraran en el desierto. El Faraón dijo: "—¿Y quién es el Señor —respondió el faraón— para que yo le obedezca y deje ir a Israel? ¡Ni conozco al Señor, ni voy a dejar que Israel se vaya!" (Éxodo 5:2).

Los israelitas habían sido esclavos del Faraón por cuatrocientos años. Tomarse tres días libres no debería ser un problema. Incluso si tomaran una semana, el Faraón podría haber sobrevivido sin ellos. Pero ese no era el problema del

Faraón. Su punto era que estos son mis esclavos, y les digo qué hacer. ¿Cómo te atreves a venir aquí y decirme qué hacer? No creo en tu Dios, y no los dejaré ir.

La respuesta fue sobre el estado, la autoridad y el orgullo del Faraón. Es la misma actitud que vemos de Satanás, en el libro de Job.

La gente a la que Moisés había sido enviado para liberarles arremetió contra él. En su confusión, Moisés ora a Dios y le dice: "Moisés se volvió al Señor y le dijo: —¡Ay, Señor! ¿Por qué tratas tan mal a este pueblo? ¿Para esto me enviaste?" (Éxodo 5:22)

¿Te suenan las palabras de Moisés? ¿Cuántas veces hemos mirado hacia arriba y preguntado cómo Dios podría permitir que otra cosa salga mal en nuestras vidas? ¿No ha sido suficiente con perder a nuestro hijo? Queremos decir, "¿Es por eso que me enviaste? No me has rescatado en lo absoluto."

Al igual que Moisés, nuestra historia no termina en el punto en que Dios parece abandonarnos.

Dios instruye a Moisés que regrese al Faraón, pero no antes de que Dios le diga a Moisés: "—Ahora verás lo que voy a hacer con el faraón. Realmente, solo por mi mano poderosa va a dejar que se vayan..." (Éxodo 6:1).

¿Qué le hará Dios al Faraón para que deje ir a los israelitas? ¿Dios lo aterrorizará en un sueño? ¿Lanzará Dios un rayo sobre el Faraón? ¿Le dirá Dios a su pueblo que se rebele contra los egipcios?

Una vez más, Moisés se presenta ante el Faraón y le dice que deje ir al pueblo de Dios. Nuevamente, el Faraón se niega.

Dios envía plaga tras plaga a los egipcios. El hermano de Moisés, Aarón, extiende su vara sobre el agua y la convierte en sangre. Aarón golpea el polvo y se convierte en jejenes. Moisés le dice al Faraón que si no deja ir a los israelitas, la tierra se desbordará de moscas, pero las moscas solo llegarán a los egipcios y sus hogares. La lista sigue y sigue.

Con cada una de estas plagas, note que dice: "Sin embargo, el faraón endureció su corazón y no quiso dejar ir al pueblo. (Éxodo 9:7)

En las primeras plagas parece que quizás el Faraón endureció su propio corazón. Pero después de un tiempo, *Dios* endureció el corazón del Faraón. ¿Llegó el Faraón a un punto sin retorno?

La Biblia tiene historias de gobernantes que se volvieron de sus caminos perversos, clamaron a Dios por perdón, y Dios los perdonó. Parecía haber algo diferente en el Faraón.

Una plaga cubrió a las personas con llagas (forúnculos). Hubo una tormenta de granizo que mató a las personas y los animales que quedaron afuera (Éxodo 9: 18-26).

Hasta los oficiales del Faraón comenzaron a temerle a Dios y comenzaron a escuchar a Moisés. Hicieron lo que Moisés dijo que hicieran. Pero el Faraón no lo haría (Éxodo 9:20).

La última plaga fue la muerte de todos los primogénitos en la tierra de Egipto. Ese fue el momento en que el Faraón finalmente dejó ir al pueblo de Dios.

Pienso en el Faraón como una ilustración para las personas que tienen a nuestro hijo. ¿Qué pasa si Dios está haciendo penurias en sus vidas, hasta que dejen que nuestro hijo regrese a casa? ¿Qué pasa si están cubiertos de llagas? Hay momentos en que grito en el techo, "Está bien, Señor, ¡estoy lista para ver algunos forúnculos!"

> Ahora bien, sabemos que Dios dispone todas las cosas para el bien de quienes lo aman, los que han sido llamados de acuerdo con su propósito (Romanos 8:28).

Una Nueva Vida Normal

> Una promesa es la seguridad que Dios le da a su pueblo, para que puedan caminar por fe, mientras esperan que Él trabaje.
> —James MacDonald

En este momento, nuestra casa se siente como un almacén vacío, pero no tiene nada que ver con su tamaño. Si bien no camino de habitación en habitación, frotándome las manos contra las paredes y apoyándome en la jamba de la puerta, mi mente sí lo ha hecho mil veces.

Así es como me imagino al Rey David después de que muere su hijo con Betsabé. Imagina un palacio resonante, salas vacías que resuenan con los sollozos de su afligida esposa y el constante grito de su dolorido corazón. ¿Tomó David una almohada en la noche para gritar, con la boca abierta, mientras fragmentos de dolor le atravesaban el cuerpo?

Cuando la casa está vacía, quiero caminar a través de ella, tocando las cosas que mi hijo tocó, oliendo cosas que olían a mi hijo: una almohada, un juguete. Ha pasado tanto tiempo que el olor se ha ido.

David debe haber caminado por esos pasillos, fríos y oscuros en la noche. Tal vez era la única vez que podía estar solo, después de pasar todo el día dirigiendo los asuntos de la nación y consolando a su afligida esposa. Pudo haber sido esa noche cuando la pena se estrelló sobre él como olas que lo llevaron cada vez más profundo a un océano de tristeza.

Leí la Biblia con ojos nuevos, bañados en dolor. Job se sienta a mi lado, y compartimos piezas de cerámica para rascar nuestras úlceras supurantes. Naomi, que pidió ser llamada amargura, se sienta conmigo en el auto. Oseas, a quien Dios pidió que se casara con una prostituta, tuvo que dejar que la traición entrara en su corazón para que él pudiera mostrar el amor de Dios a una nación rebelde.

Ahora entiendo el terrible regalo que le dieron a Oseas.

> Las tribulaciones no pueden cesar hasta que Dios nos vea hechos de nuevo o veamos que nuestra reconstrucción no tiene esperanza. -C. S. Lewis

Como Jonás fue enviado a sus enemigos, para decirles que pidieran perdón a Dios, nosotros también fuimos enviados. Al igual que Ester, que preferiría vivir tranquilamente en el palacio antes que arriesgar su vida, preferiríamos vivir una vida tranquila. Esperamos como el Rey David, corriendo durante años, escondiéndonos en el desierto, durmiendo en cuevas, y aferrándonos a la promesa de que un día Dios lo haría rey.

Tú y yo podemos relacionarnos con todos ellos de alguna manera.

¿Has sido acusado falsamente como José? ¿O te relacionas con los hebreos en la esclavitud, que pensaban que Dios los había abandonado? ¿Te has sentido desanimado como Pablo, que "se afligió hasta el punto de morir"? (2 Corintios 1: 8)

Job tuvo que pasar por un horrible momento de sufrimiento. Sin embargo, a través de todas estas tragedias, Dios tuvo un gran final planificado. Job sufrió para que él pudiera ser un ejemplo para el diablo. Él demostró que no importaba lo que Satanás le arrojara a alguien, si esa persona confiaba en Dios completamente, nadie podría alejarlo de Dios. ¿Cuántas vidas impactó el sufrimiento de Job? Él no solo impactó a sus contemporáneos. Generaciones de vidas después de Job, incluso tú y yo, hemos sido afectados. A través de su historia también aprendemos que después de la prueba, vienen las bendiciones. (Job 42: 12-17)

Solo puedo imaginarme por lo que estaba pasando David cuando escribió el Salmo 13. Estaba huyendo del ejército de Saúl, escondiéndose en cuevas, y esperando que Dios cumpliera su promesa cuando escribió:

> *Oh Señor, ¿cuánto tiempo me olvidarás? ¿Siempre?*
> *¿Cuánto tiempo mirarás para otro lado?*
> *¿Cuánto tiempo debo luchar con la angustia en mi alma,*
> *con dolor en mi corazón todos los días?*
> *¿Cuánto tiempo tendrá mi enemigo la ventaja?*
> *¡Vuélvete y respóndeme, oh Señor mi Dios!*
> *Restaurar el brillo a mis ojos, o voy a morir.*
> *No dejes que mis enemigos se regodeen, diciendo:*
> *"¡Lo hemos derrotado!"*
> *No dejes que se regocijen por mi caída.*
> *Pero confío en tu amor infalible.*
> *Me regocijaré porque me has rescatado.*
> *Cantaré al Señor*
> *porque él es bueno conmigo*
> *-Salmo 13*

Dios es así, prediciblemente impredecible.

Cuando Jesús sanó a las personas, incluso de la misma ceguera, lo hizo de dos maneras diferentes. Parece que Jesús no quería que cayéramos en la trampa de pensar que si usamos una fórmula, obtendremos resultados de Dios. No hay una oración perfecta. Cada milagro es único. Cada milagro, personalizado.

Si eres cristiano(a), así es como tú y yo seremos liberados de esta terrible experiencia.

Excepcionalmente

Personalmente.

En el momento perfecto de Dios.

Ahora sabemos cómo las personas que escribieron el libro de Salmos se sintieron cuando pidieron justicia, venganza y misericordia. Tú y yo sabemos lo que se siente ser el desvalido, pobre y necesitado. Experimentamos anhelos que nunca supimos que teníamos, como que esta pesadilla termine, y por el día en que veremos el cielo. Nuestros corazones gritan: "¡Ven pronto Señor Jesús! Rescátanos!"

Queremos que las personas que han lastimado a nuestro hijo sean llevadas ante la justicia, que enfrenten un castigo, y tal vez, solo tal vez, que dejen que Jesús las cambie.

Encontré algo maravilloso sobre pasar por todas esas emociones. Ahora, cuando leo Salmos, me río y rio con emoción VERDADERA porque me he arrastrado hasta la piel del salmista y conozco el quebrantamiento puro que está sintiendo.

Sé que cuando Job dice: "Aunque Él me mate, en Él esperaré." (Job 13:15) Él no lo dijo con cansancio y resignación. Lo dijo mientras gritaba al cielo. Me recuerda los momentos en los que sacudí mi puño y no le dije a nadie en particular: "¡Incluso si me quitas todo, elegiré confiar en Dios!"

Puedo relacionarme con David, a punto de perder a su hijo con Betsabé, y cada pecado que ha cometido se reproduce en su mente. Él sabe que Dios los ha visto a todos, y que es solo contra Dios que ha pecado.

He querido rendirme un millón de veces, y así el dolor de esperar desaparecería y nos quedaríamos con el sordo dolor de la derrota.

Pero, tenemos que aferrarnos a la promesa de Dios de resolver las cosas para bien.

Dios nunca termina.

Pasos para recordar:
- Tu historia no ha terminado.
- Una promesa es la seguridad que Dios le da a su pueblo, para que puedan caminar por fe mientras esperan que él trabaje.
- Estamos esperando ver el final de la historia.
- Hay una nueva vida normal.

- Eres más fuerte de lo que piensas.

Ahora bien, sabemos que Dios dispone todas las cosas para el bien de quienes lo aman, los que han sido llamados de acuerdo con su propósito (Romanos 8:28).

CAPÍTULO 9

Esperando el Milagro

La mundialmente famosa autora Beth Moore experimentó la desaparición de un hijo de su vida. En su estudio bíblico, Los Patriarcas, ella escribió sobre el copero que se olvidó de José en la prisión diciendo: "Dios no desperdiciar ni un momento mientras tanto para convertir a José en la clase de hombre que su destino exige." (Génesis 40: 1-23) Beth sabe de lo que está hablando.

Eso es increíblemente poderoso, especialmente cuando lo piensas con respecto a tus circunstancias. Implica la pregunta: ¿Hacia qué destino te está preparando Dios?

> Dios a menudo nos da una promesa mucho antes de que pueda ser real. -Don McClure

Dios tuvo muchas oportunidades para que Sara y Abraham tuvieran el hijo prometido. La respuesta de Dios a las oraciones de Sara no fue que no pudiera tener un hijo, sino que todavía no podía tener un hijo. Dios esperó hasta que Sara y Abraham tuvieran la madurez espiritual correcta para recibir la bendición de su hijo Isaac. También esperó hasta que pasó un punto de habilidad física, para hacerlo milagroso. (Génesis 17, 18, 21)

Tú y yo estamos esperando lo milagroso.

Estamos esperando que Dios nos convierta en las personas que siempre fuimos destinados a ser. Estamos esperando un milagro con nuestros hijos desaparecidos. Estamos esperando convertirnos en los gigantes de la fe que Dios ve en nosotros.

Cuando Dios le habló por primera vez a Gedeón, Gedeón se escondió en un lagar. Las primeras palabras de Dios para él fueron: "El Señor está contigo, poderoso guerrero." Gedeon estaba confundido, no había nada valiente, poderoso o guerrero sobre él.

Dios no vio a Gedeón como era, sino como sería. No pasó mucho tiempo antes de que Dios usara a Gedeón para derrotar a los enemigos del país.

> En este momento, eres un Gedeón. En este momento, tienes miedo, pero un día llevarás tropas a la batalla.
> -Greg Laurie

Dios tiene un mensaje especial para ti y para mí, es que fuimos creados para un propósito. No tenemos nada que temer porque Dios está con nosotros, y Él resolverá esto para hacer algo bueno.

> *Pero ahora, así dice el Señor,*
> *el que te creó, Jacob,*
> *el que te formó, Israel:*
> *«No temas, que yo te he redimido;*
> *te he llamado por tu nombre; tú eres mío.*
> *Cuando cruces las aguas,*
> *yo estaré contigo;*
> *cuando cruces los ríos,*
> *no te cubrirán sus aguas;*
> *cuando camines por el fuego,*
> *no te quemarás ni te abrasarán las llamas.*

> *Yo soy el Señor, tu Dios,*
> *el Santo de Israel, tu Salvador;*
> *yo he entregado a Egipto como precio por tu rescate,*
> *a Cus y a Seba en tu lugar.*
> *A cambio de ti entregaré hombres;*
> *¡a cambio de tu vida entregaré pueblos!*
> *Porque te amo y eres ante mis ojos*
> *precioso y digno de honra.*
> *No temas, porque yo estoy contigo;*
> *desde el oriente traeré a tu descendencia,*
> *desde el occidente te reuniré.*
> *Al norte le diré: "¡Entrégalos!"*
> *y al sur: "¡No los retengas!*
> *Trae a mis hijos desde lejos*
> *y a mis hijas desde los confines de la tierra.*
> *Trae a todo el que sea llamado por mi nombre,*
> *al que yo he creado para mi gloria,*
> *al que yo hice y formé"».*— Isaías 43:1-7

Aún estamos esperando.

Cada vez que quitamos nuestros ojos de Dios y solo miramos nuestras circunstancias, nos estamos preparando para la angustia. Estamos planeando lanzar una fiesta de lástima.

Dios sabe dónde estás. También sabe qué músculos espirituales necesitarás en el futuro y se ha convertido en tu entrenador personal.

Siento que Dios me ha dado esta copa de dificultades y dijo: "¿Puedo confiarte esto?"

Yo respondo: "No. No, Señor, no puedes." Luego cambio mi respuesta a, "Bien, pero no me gusta esta copa." Más tarde se convierte en, "Sí, la llevaré, pero es muy difícil." Finalmente, se lo devuelvo a Él, diciendo, "Solo tú puedes llevarla, Señor."

> Ya te lo he ordenado: ¡Sé fuerte y valiente! ¡No tengas miedo ni te desanimes! Porque el Señor tu Dios te acompañará dondequiera que vayas. (Josué 1:9)

Cuando Dios comenzó a guiarme por la decisión de confiar en Él, mi primer paso fue hacer planes para el fin de semana. Solo tú que has pasado por esto, sabes qué gran problema ha sido eso. ¿Podría confiar en que Dios traería a nuestro hijo a casa, incluso si no estuviera esperando junto a la ventana? Pero algo extraño comenzó a suceder; cuando comencé a confiar en Él, comencé a dejarlo ir. Mis manos comenzaron a aflojarse. Mis hombros se relajaron. Todo el peso que había estado cargando ahora estaba en los hombros de Dios, donde debería haber estado todo el tiempo.

Mi estudio de la Biblia hablaba acerca de convertir el dinero, el estatus, la familia, el trabajo o los logros en ídolos. ¿Podría confiar en Dios en lugar de fijarme en mi hijo desaparecido? Fue un gran paso para mí y un pequeño paso entregarle esto a Dios.

No fue fácil y no sucedió de la noche a la mañana, pero lentamente le entregué nuestro hijo desaparecido a Dios. Y demostró ser digno de mi confianza. Como dijo Joni Eareckson Tada, "Nunca, nunca subestimes la capacidad de nuestro Dios para usar la oración más débil del santo más débil para mover el cielo y la tierra."

> Y Satanás tiembla cuando ve, el santo más débil sobre sus rodillas. —William Cowper

En Joel 2:25-27, Dios promete a su pueblo que lo que han perdido será pagado. Él dice: "Yo les compensaré a ustedes por los años en que todo lo devoró...y alabarán el nombre del Señor su Dios, que hará maravillas por ustedes. ¡Nunca más será avergonzado mi pueblo! Entonces sabrán que yo estoy en medio de Israel, que yo soy el Señor su Dios, y no hay otro fuera de mí. ¡Nunca más será avergonzado mi pueblo!"

Dios puede tomar el tiempo que ha sido devorado y restaurarlo milagrosamente. Él puede "recompensarte por los años que la langosta comió." Él puede tomar ese corazón diezmado y convertirlo en una fuente de alegría. Él puede hacer que todo sea nuevo.

¿Cuántas veces te han avergonzado? Quizás alguien dijo que no estabas cuidando a tu hijo lo suficientemente bien, o que te lo merecías. ¿Alguien dijo que cosas peores le sucedían a la gente? ¿O puede ser que nadie ha dicho nada, pero te avergüenzas de ti mismo por no hacer lo suficiente para evitar que tu hijo ya no esté? Dos veces en ese verso dice: "Nunca más mi pueblo será avergonzado." Espero ese día, el día en que esto haya quedado atrás, y nunca más tengamos motivos para la vergüenza.

¿Cuántas veces has imaginado recibir malas noticias y colapsar? No pensaste que serías capaz de manejar esto. Pero, el teléfono sonaría con otro problema y no colapsarías; algo más salió mal y tú lo manejaste, y seguiste adelante.

Increíble.

¿Quién lo diría?

> Me di cuenta de que las lecciones espirituales más profundas no se aprenden al permitirnos seguir nuestro camino al final, sino al hacernos esperar, soportándonos con amor y paciencia hasta que podamos sinceramente orar lo que Él enseñó a sus discípulos a orar: Tu voluntad será hecha.
> -Elisabeth Elliot

Date la libertad de esperar y planificar para que Dios haga un milagro.

El Salmo 61 anuncia "El año del favor del Señor," un momento especial cuando lo incorrecto se hace correcto. Podría explicar cada línea, pero en su lugar, dejaré que las leas por ti misma(o). Querrás tener un marcador y resaltar tus partes favoritas. ¿Estás esperando que se libere un cautivo? Resalta esa línea. ¿Estás esperando la venganza de tus enemigos? Marca eso en amarillo brillante. ¿Quieres que Dios renueve a tu arruinada familia? Dice que Él "les otorgará una corona de belleza en lugar de cenizas, el aceite de la alegría en lugar del luto." Tú y yo no podemos esperar hasta el día en que tengamos alegría en lugar de cenizas.

> De una cosa estoy completamente seguro:
> La historia de Dios nunca termina con cenizas.
> —Elisabeth Elliot

Aunque no puedes verlo ahora, Dios está trabajando. Este artículo de Stephen Altrogge se llama *All the Things God is Doing When it Looks Like He is Doing Nothing* (*Todas Las Cosas que Dios Está Haciendo Cuando Parece Que No Está Haciendo Nada.*) Léelo en tinyurl.com/lgqwhdz o en MarieWhiteAuthor.com.

Dios es bueno. Todo el tiempo. Y aún no ha terminado con nosotros. Él todavía está trabajando.

Pasos para recordar:
• Dios puede convertirte en la persona que siempre quisiste ser.
• El tiempo que se ha perdido puede devolverse.
• La historia de Dios nunca termina con cenizas.

> Ahora bien, sabemos que Dios dispone todas las cosas para el bien de quienes lo aman, los que han sido llamados de acuerdo con su propósito (Romanos 8:28).

CAPÍTULO 10

La Prueba es el Regalo

Miedo. ¿Quién podría haber imaginado? Justo cuando parecía que estábamos tan cerca de tener a nuestro hijo en casa, el miedo surgió de la nada. ¿Qué pasa si recuperar a nuestro hijo no es tan bueno como esperamos? ¿Qué pasa si nuestro hijo no es el mismo?

¿Qué pasa si?

¿Qué pasa si?

El miedo no viene de Dios. Específicamente dice en su palabra: "hacen el bien y viven sin ningún temor." (1 Pedro 3:6) y nuevamente, "No se inquieten por nada; más bien, en toda ocasión, con oración y ruego, presenten sus peticiones a Dios y denle gracias. Y la paz de Dios, que sobrepasa todo entendimiento, cuidará sus corazones y sus pensamientos en Cristo Jesús" (Filipenses 4:6-7.) "Pues Dios no nos ha dado un espíritu de timidez, sino de poder, de amor y de dominio propio" (2 Timoteo 1:7.)

¿Quién podría haber predicho que un golpe de miedo vendría bien cuando nos sentíamos tan cerca? Obviamente, esto fue un ataque espiritual. Me encantaría decir que el enemigo nunca podría vencerme, pero eso sería una mentira. Soy débil, pero Dios es fuerte. Con Dios, nada puede vencernos.

¡Hubo días en que me sentí invencible! En esos días, quería golpear mi pecho como Tarzán y gritar, "¡No tendré miedo!" Así es como deberíamos vivir todos los días, pero por lo general no lo hacemos.

Incluso Pablo, el súper cristiano, tuvo momentos que resultaron ser más de lo que podía manejar. Se preguntó si incluso sobreviviría esos tiempos. Pablo sintió una tremenda opresión espiritual. La palabra opresión también puede significar desgaste[3]. Tú y yo sabemos que la presión, cuando se siente como si estuviéramos en una prensa, a punto de estallar.

Pablo escribió:

> Hermanos, no queremos que desconozcan las aflicciones que sufrimos en la provincia de Asia. Estábamos tan agobiados bajo tanta presión que hasta perdimos la esperanza de salir con vida: nos sentíamos como sentenciados a muerte. Pero eso sucedió para que no confiáramos en nosotros mismos, sino en Dios, que resucita a los muertos. Él nos libró y nos librará de tal peligro de muerte. En él tenemos puesta nuestra esperanza, y él seguirá librándonos. Mientras tanto, ustedes nos ayudan orando por nosotros. Así muchos darán gracias a Dios por nosotros a causa del don que se nos ha concedido en respuesta a tantas oraciones. (2 Corintios 1:8-11)

Dios no nos ha dejado en la oscuridad.

El tiempo de Dios está en todo. Casi puedo verme a mí misma recordando esto en el futuro y viendo que este fue el momento en que nos sentimos más vivos. Cuando vivir significaba algo y ese día, veremos cuál era el propósito de todo esto.

¿Cómo vivo en el mundo que tengo con estas heridas?
¿Cómo vivo como una mujer viva en el mundo que tengo?
He estado llorando y sigue pasando... pero es tan bueno,

porque también es una sensación de estar vivo.
—The Journey of Desire (El Viaje del Deseo)

A veces estoy tentada de decir: "¿De verdad, Dios? ¿Por qué no has rescatado a nuestro hijo? ¿Dónde estás? ¿Por qué no nos salvas? ¿Acaso te importa?"

Entonces recuerdo lo que dijo CS Lewis sobre esperar a Dios:

> Una analogía débil sería esto. Una cosa es preguntar en vano si tal persona se unirá a nosotros esta noche, y otro para discutir esto cuando el honor de tal persona está comprometido y un gran asunto depende de su venida. En el primer caso, sería meramente razonable, según avanzaba el tiempo, esperar cada vez menos. En el segundo, una expectativa continua hasta bien entrada la noche se debería al carácter de nuestro amigo si nos hubiese parecido confiable antes. ¿Quién de nosotros no se sentiría un poco avergonzado si, un momento después de haberlo entregado, llegara con una explicación completa de su retraso? Deberíamos sentir que teníamos que haberlo conocido mejor.

Lo conocemos mejor. Sería fácil enojarse con Dios y mirar nuestra inocencia decir: "¿Y esta es nuestra recompensa?" Pero eso no es verdad.

Este no es el final de la historia.

Solo Dios sabe cómo se desarrollará todo esto. Sé que al final nos haremos eco del sentimiento de Lewis de que deberíamos haberlo sabido mejor. Dios está por nosotros ¿Quién puede estar en contra de nosotros?

Algún día diremos, como el Rey Salomón:

> ¡Mira, el invierno se ha ido,
> y con él han cesado y se han ido las lluvias!
> Ya brotan flores en los campos;
> ¡el tiempo de la canción ha llegado!
> — Cantares 2:11-12

A medida que pasa el tiempo, descubrirás que algo ha cambiado en ti desde la pérdida de tu hijo. Ya no eres la persona que eras. No responderás a las cosas que te asustaron de la misma manera que solías hacerlo. Cuando algo sucede, querrás llorar, pero no lo harás. Querrás preocuparte por algún evento, pero en vez de eso, esperarás para ver si las cosas cambian. Te habrás convertido en una persona con paciencia.

> Alégrense en la esperanza, muestren paciencia en el sufrimiento, perseveren en la oración (Romanos 12:12).

Comenzarás a verte a ti mismo volviéndose más fuerte. Comenzarás a notar que hay papas en los sacos vacíos que has estado llevando.

> Fuera de la voluntad de Dios no hay nada que desee, y en la voluntad de Dios no hay nada que temer. -A.W. Tozer

En algún lugar del camino todavía hay luz al final del túnel. Confía en Dios y cree que Él todavía está orquestando todo esto para obtener un gran resultado, incluso cuando parezca imposible.

Hay algunas formas en que podemos mostrar el poder de Dios sobre nuestras vidas mientras esperamos. Son:

1. Mostrar una devoción incesante por Dios, independientemente de lo que Él haya permitido.
2. Tener una confianza inquebrantable en Dios, incluso cuando no podamos ver ninguna forma en que Él pueda hacer que la belleza salga de nuestra situación.
3. Sé increíblemente brillante, irradiando el amor de Dios sobre todos los que conocemos.
4. Para tener un control interminable sobre las promesas de Dios, como Jacob le dijo al ángel que luchó: "—¡No te soltaré hasta que me bendigas!" (Génesis 32:26)

Párate junto a mí, como Gandalf estaba de pie ante las llamas de Balrog, y vamos a decirle al diablo que no puede tomar otra pulgada de terreno. ¡Grítale que tu casa le pertenece a Dios y que él "NO pasará!"

> ¡Dichosos si sufren por causa de la justicia! «No teman lo que ellos temen, ni se dejen asustar." Más bien, honren en su corazón a Cristo como Señor. Estén siempre preparados para responder a todo el que les pida razón de la esperanza que hay en ustedes. Pero háganlo con gentileza y respeto, manteniendo la conciencia limpia, para que los que hablan mal de la buena conducta de ustedes en Cristo se avergüencen de sus calumnias. Si es la voluntad de Dios, es preferible sufrir por hacer el bien que por hacer el mal. (1 Pedro 3:14-17).

En medio de tu tormenta, agradece a Dios. Confía en Él. Confíe en que castigará a las personas que están haciendo mal y déjalo ir.

Cuando sientas que no puedes hacer nada más, entrega tu problema a Dios y deja que Él haga lo que no puedes hacer.

Miedo

En este momento, estás en lo profundo de la batalla. No te rindas a la desesperación o la desesperanza.

> el Señor sabe librar de la prueba a los que viven
> como Dios quiere
> —2 Pedro 2:9

¿Qué sucede cuando todos a tu alrededor dejan de creer que tu hijo regresará a casa?

La gente trata de salvarnos de un dolor adicional diciéndonos que puede no ser la voluntad de Dios traer nuestro hijo a casa, como si tú y yo no hubiéramos pensado en eso.

Cuando Greg Laurie experimenta la muerte de su hijo, se lo dijeron; "Necesitas superar esto," "Cuando la vida te da limones, haz limonada" y "Lo que no te mata te hace más fuerte."

El dolor de perder a tu hijo es suficientemente difícil sin estos comentarios insensibles. Si pudiera retroceder en el tiempo, habría enviado un correo electrónico que dijera: "En su esfuerzo por consolarnos, no compartan nada que sea negativo. Cada día nuestras mentes son bombardeadas por miles de escenarios horribles que nos hacen querer rodar en posición fetal y convulsionar con miedo. Lo último que necesitamos es que alguien se acerque a nosotros y nos confronte con nuestros peores miedos. Sabemos que solo quieren estar ahí para ayudarnos y hacernos conscientes de cualquier situación en la que no hayamos pensado. Créanme, hemos pensado en lo bueno, lo malo y lo devastador. Si quieren ayudarnos, oren con nosotros cuando nos vean, dennos un versículo alentador, dígannos que están orando por nuestro hijo, envíennos una nota o mensaje de texto. Valoramos su amor y compasión, y no queremos pasar por esto solos."

Tómense el tiempo para preguntarle a otras personas con qué están luchando.

Ellos están llevando cargas también. Si bien pueden no ser tan malas como las que estás atravesando, te darás cuenta que a medida que comienzas a orar por los demás, sus problemas no parecerán tan abrumadores. Mientras oras por ellos, te conectas con ellos de una manera especial. La próxima vez que veas a un amigo, pregúntale cómo va la lucha. Diles que has estado orando por ellos. Cuando sientes pena por ti mismo, lo mejor que puedes hacer es acercarte a los demás. Si bien es posible que su dolor no sea el mismo que el tuyo, a veces puede sentirse agradecido de que "solo" está pasando por esto y no por lo que tú estás pasando.

¿Qué deseas que alguien haga por ti en este momento? Hazlo por alguien más.

Si nunca has oído hablar de ella, Joni Eareckson Tada es una famosa oradora, autora y pintora. Ella también es cuadripléjica, paralizada desde el cuello hacia abajo. Joni no nació así. Ella tuvo un accidente cuando era adolescente. Cuando se dio cuenta de que sería inválida por el resto de su vida, quiso morir, pero Dios intervino y la estrechó en sus brazos.

Cuando pienso en nuestro hijo desaparecido y lo terrible que es, no puedo evitar pensar en Joni. Sé que ella habría estado agradecida de haber sido mamá, incluso por un tiempo. Lo que ella daría por tener la capacidad de abrazar a un hijo y sentir el vínculo que tú y yo hemos tenido el privilegio de experiencia.

En cambio, Joni ha vivido más de cuarenta años, atada a una silla de ruedas y con un dolor físico insoportable. Ella ha conocido dolor físico y emocional más allá de lo que puedo imaginar. No cambiaría mi situación por la de ella.

Joni no se da por vencida. Ella alaba a Dios por todo y ha llevado a muchas otras personas a Jesús. Aprendió a pintar sosteniendo el pincel entre los dientes. Ella ha escrito muchos libros. Ha hablado en todo el mundo y ha ayudado a miles de personas. Ella tiene la actitud que tú y yo debemos tener, "No puedes vencerme, diablo. Puedo ser débil, ¡pero Dios es fuerte!"

> Cuando Cristo nos da fortaleza para enfrentar una situación dolorosa, obtener satisfacción no significa perder tristeza o decir adiós a la incomodidad. Puedes estar triste pero siempre regocijándote. No puedes tener nada y, sin embargo, poseer todo. Primera de Timoteo 6:6 dice: "La piedad con alegría es gran ganancia." Sin embargo, la ganancia siempre viene a través de la pérdida. La gracia siempre viene a través de la necesidad. No permita que nadie le diga que la satisfacción viene con facilidad. No es algo pasivo. De hecho, es una gran determinación. Tiene que ser aprendida. Y requiere gracia de más allá de este mundo. -Joni Eareckson Tada

Si alguien debería haberse dado por vencido, es Joni. En cambio, se convirtió en un faro de luz, brillando en la oscuridad. Todos enfrentamos la oscuridad de alguna forma.

La fe cristiana no es el deseo del cielo en el cielo, los sentimientos de "Yo deseo."

La fe es confianza en Dios.

Cada uno de nosotros tiene a alguien en nuestra vida en quien podemos confiar para hacer lo que dicen que harán. La fe es confiar en que cuando no podemos ver lo que Dios está haciendo, Él todavía está haciendo algo que será para nuestro bien.

> Ahora bien, la fe es la sustancia de lo que se espera, la evidencia de lo que no se ve. -Hebreos 11:1

> Cuando un tren atraviesa un túnel y oscurece, no tiras el boleto y saltas. Te sientas quieto y confías en el ingeniero.
> -Corrie Ten Boom

La fe es confiar en el Dios que conocemos y las promesas que Él ha hecho. Tenemos que confiar en que Él no nos decepcionará.

La declaración irónica de CS Lewis lo dice mejor: "No estamos necesariamente dudando de que Dios hará lo mejor para nosotros; nos preguntamos qué tan doloroso será lo mejor."

Tú y yo sabemos cuán doloroso ha sido lo mejor. Lo que tenemos que decidir con anticipación es que incluso si nuestro hijo no regresara a casa, eso no rompería nuestra fe.

No podemos permitir que nuestras circunstancias nos definan. Como una oruga emergiendo como una mariposa, como el músculo se hace por medio del desgarro y la reparación, así nuestro caminar con Jesús nace del sufrimiento.

No somos las mismas personas que éramos al comienzo de este viaje.

¿Te gustaría volver a ser la persona que alguna vez fuiste? Me tomaría la ingenuidad de pensar que el mundo es un lugar agradable y que las personas son inherentemente buenas, pero ¿cómo me relacionaría con las personas que pasan por el sufrimiento? ¿Siempre asumiría que tuvieron parte en la culpa? ¿Les diría que Dios nunca dejará que algo malo suceda? ¿Me burlaría de la injusticia como si no existiera? ¿Podría cuestionar la soberanía de Dios cuando otros están pasando por circunstancias inimaginables?

Sí. Me gustaría.

Estamos creciendo y el crecimiento es doloroso.

Sin embargo, encontrar a Dios en medio del dolor es un regalo sin medida. En la película, *The Nativity Story* (*El Nacimiento*) Mary y Joseph se detienen para calentarse junto a un fuego. Hablan con un pastor y él dice, "a todos se nos da un regalo," lo que implica que el bebé de María es su regalo. Él no tiene idea de que ella está llevando al hijo de Dios, y qué pesadilla ha sido para ellos.

¿Qué tal si tú y yo descubrimos que nuestra prueba *es* un regalo?

El pastor Saeed sabía esto cuando escribió esta carta navideña desde el interior de una fría prisión iraní. Pasó años encarcelado, lejos de su esposa y sus hijos pequeños, sin embargo, escribe con la alegría que solo puede venir de las dificultades.

> Prisión RajaiShahr, 2014
>
> ¡Feliz Navidad! Estos días son muy fríos aquí. Mi pequeño espacio al lado de la ventana no tiene vidrio, lo que hace que la mayoría de las noches sea insoportable dormir. El trato por parte de otros presos también es bastante frío y, a veces, hostil. Algunos de mis compañeros prisioneros no me quieren porque soy un converso y un pastor. Me miran con vergüenza como alguien que ha traicionado su antigua religión...

Hoy, nosotros como (Jesús) deberíamos salir de nuestra zona de seguridad segura para proclamar la Palabra de Vida y la Salvación mediante la fe en Jesucristo y la pena del pecado que pagó en la cruz y proclamar Su resurrección. Deberíamos ser capaces de tolerar el frío, las dificultades y la vergüenza para servir a Dios. Deberíamos ser capaces de entrar en el dolor del mundo frío y oscuro. Entonces podemos dar el amor ardiente de Cristo al frío pesebre invernal de aquellos que están espiritualmente muertos. Puede ser necesario salir de la comodidad de nuestras vidas y dejar el abrazo amoroso de nuestra familia para entrar en el pesebre de las vidas de los demás, como lo ha sido para mí por tercera Navidad consecutiva. Puede ser que se nos llame tontos y traidores y enfrentemos muchas dificultades, pero debemos crucificar nuestra voluntad y deseos aún más hasta que el mundo escuche y saboree el verdadero significado de la Navidad.

La Navidad significa que Dios vino para que Él entrara en sus corazones hoy y transformara sus vidas y reemplazara su dolor con una alegría indescriptible...

La Navidad es el día en que el calor del fuego vivificante del amor de Dios brilló en los fríos y oscuros corazones congelados y estalló en este mundo mortal e inicuo...

Así que esta Navidad permite que el amor de Cristo, como la lava, entre en la profundidad de tu corazón y te haga ardiente, dispuesto a pagar cualquier costo para llevar el mismo amor de lava al frío mundo que te rodea, transformándolos con el verdadero mensaje de Navidad.

Pastor Saeed Abedini
Sumergiéndome en el amor de lava de Cristo

Hasta que lo hayas vivido, no puedes saber cuánto se muestra Dios en el dolor. Él es real, y Él es bueno.

Y no solo en esto, sino también en nuestros sufrimientos, porque sabemos que el sufrimiento produce perseverancia; la perseverancia, entereza de carácter; la entereza de carácter, esperanza. —Romanos 5:3-4

Hay tres libros que recomiendo, para darles un cambio de perspectiva, cuando las cosas son difíciles.

#1- *La Oración de Jabes* (*The Prayer of Jabez*), por Bruce Wilkinson
#2- *Esta Patente Oscuridad* (*This Present Darkness*), por Frank Peretti
#3- *El Refugio Secreto* (*The Hiding Place*), por Corrie Ten Boom

Cada uno de estos libros me recuerda que, al final, el mal siempre pierde. Tú y yo debemos recordarlo a diario, porque en nuestras vidas parece que el mal ha ganado. *La Oración de Jabes* te ayuda a comprender tu propósito. *Esta Patente Oscuridad* te da una imagen de la batalla espiritual contra la que estás luchando. *El Refugio Secreto* te muestra cómo tener fe cuando todo parece perdido.

Si eres cristiano, entonces cada día peleas una docena de pequeñas batallas. Cuando eliges arrastrarte a la iglesia, al estudio de la Biblia, a orar o pasar tiempo con otro cristiano; estas son pequeñas victorias. El enemigo no quiere que pelees de rodillas. Cada vez que tienes dolor de cabeza, te sientes mal, estás demasiado cansado o tienes mil excusas diferentes, sin embargo, perseveras y vas a la iglesia de todos modos, has luchado y ganado. Cada pequeña victoria es una pulgada más cerca del golpe fatal del mal.

Cuando a Job le quitaron todo, eligió alabar a Dios y decir: "El Señor dio y el Señor quitó; sea alabado el nombre del Señor." En ese momento, ganó terreno. Job ganó una batalla decisiva cuando le dijeron que maldijera a Dios y muriera, pero en su lugar dijo: "¿Aceptaremos el bien de Dios y no los problemas?"

Cuando sus amigos lo culparon de su propia desgracia, se aferró a la verdad cuando dijo: "Nunca admitiré que tienes razón; hasta que muera, no negaré mi integridad." (Job 27: 5)

Es difícil aferrarse a la verdad y fácil es creer las mentiras.

¿Temes que haya algo oculto en tu corazón que deba eliminarse?

Está bien pedirle a Dios que examine tu corazón, siempre y cuando no cedas a las mentiras. Tienes que aferrarte a Dios a través de tu prueba y, como Job, decir: "Él, en cambio, conoce mis caminos; si me pusiera a prueba, saldría yo puro como el oro." Job 23:10

> Leo el periódico todos los días y la Biblia todos los días; de esa manera sé lo que están haciendo en ambos lados. -Zig Ziglar

En *El Señor de los Anillos*, Tolkien escribió: "La misión se sostiene en el borde de un cuchillo. Desvíense solo un poco y fracasarán, para la ruina de todos. Sin embargo, la esperanza permanece, mientras que la compañía es verdadera. No dejen que sus corazones se angustien."

Tolkien parafraseó a Jesús, quien dijo: "No se angustien. Confíen en Dios, y confíen también en mí." (Juan 14:1)

Cuando oras por fortaleza, guía y fe, puedes acercarte a cada día con la confianza de que has hecho todo lo que Dios te pidió. El resto de la historia depende de él.

Él no ha terminado contigo todavía.

Para nuestra familia, no somos las mismas personas que éramos. Ya estamos cambiados. La curación ha sucedido y el crecimiento en una escala monumental. Hemos aprendido que el crecimiento es doloroso, pero el dolor es temporal y la eternidad vale la pena. Mientras tanto, esperamos las promesas en el versículo a continuación.

Todos los que se enardecen contra ti
sin duda serán avergonzados y humillados;
los que se te oponen serán como nada,

como si no existieran.
Aunque busques a tus enemigos,
no los encontrarás.
Los que te hacen la guerra serán como nada,
como si no existieran.
Porque yo soy el Señor, tu Dios,
que sostiene tu mano derecha;
yo soy quien te dice:
"No temas, yo te ayudaré."
— Isaías 41:11-13

Elegidos

¿Qué pasa si Dios te eligió a ti y a mí en este mismo momento? Qué tal si Él nos eligió al igual que Él eligió a Abraham para comenzar una nación, Moisés para dirigir un pueblo, David para gobernar un país y Juan el Bautista para preparar la venida de Jesús. En cada generación hay unas pocas personas elegidas a quienes Dios usa de una manera poderosa. ¿Qué pasa si somos esas personas elegidas, elegidas para mostrar su bondad en medio de las dificultades?

> Se supone que debemos mostrar la superioridad de la vida vivida en Cristo. Es por eso que los cristianos tienen cáncer. Es por eso que los padres cristianos tienen pródigos.
> -James MacDonald

La historia de José y la historia de Ester ilustran el riguroso programa de entrenamiento de Dios para aquellos que planea colocar en el centro de atención.

El entrenamiento de José comenzó cuando eligió servir fielmente a su maestro en medio del dolor. Sucedió nuevamente cuando fielmente sirvió a su carcelero en medio de la injusticia. Estas experiencias lo prepararon para su vocación en la vida, el segundo al mando de todo Egipto. Luego pudo salvar al pueblo de Egipto y a su propio pueblo de Israel.

Al final, José les dice a sus hermanos que lo que pretendían para el mal, Dios lo designó para el bien. (Génesis 37)

La Biblia nos advierte ampliamente que, como cristianos, debemos esperar que surjan problemas porque somos hijos de Dios. También dice tener paz y mantenerse firme porque algo mejor está por venir.

Jesus dijo:

- Yo les he dicho estas cosas para que en mí hallen paz. En este mundo afrontarán aflicciones, pero ¡anímense! Yo he vencido al mundo. (John 16:33)
- Por causa de mi nombre todo el mundo los odiará, pero el que se mantenga firme hasta el fin será salvo. (Mateo 10:22)
- Dichosos ustedes cuando los odien, cuando los discriminen, los insulten y los desprestigien por causa del Hijo del hombre. (Lucas 6:22)

No creo que Jesús haya querido decir que solo seríamos bendecidos en el cielo. En el Salmo 27, el salmista dice que confía en que verá la bondad de Dios "en la tierra de los vivos," es decir, aquí en la Tierra, no solo en el cielo. El Salmo 27:12-14 dice: "No me entregues al capricho de mis adversarios, pues contra mí se levantan falsos testigos que respiran violencia. Pero de una cosa estoy seguro: he de ver la bondad del Señor en esta tierra de los vivientes. Pon tu esperanza en el Señor; ten valor, cobra ánimo; ¡pon tu esperanza en el Señor!"

El salmista que escribió eso está haciendo exactamente lo que hemos hablado, dando gracias y confiando en Dios ahora, antes de que el buen resultado haya sucedido.

Cuando atraviesas una prueba, debes alabar a Dios *antes* de la victoria.

Aprendemos sobre el Rey Josafat en 2 Crónicas capítulo 20. El pueblo del rey estaba en contra de varias naciones que querían destruirlos. El Rey Josafat eligió clamar a Dios por ayuda en lugar de llamar a otro país para ayudarlos. Reunió a todas las personas para orar, ¡y Dios les respondió! Cuando Josafat oyó que Dios derrotaría a sus enemigos sin luchar, "designó a los que dirigirían el ejército para cantar al Señor y alabar el esplendor de su santidad... diciendo: 'Den gracias al Señor; su gran amor perdura para siempre.'" (2 Crónicas 20:21)

Y en los Salmos vemos: "No las esconderemos de sus descendientes; hablaremos a la generación venidera del poder del Señor, de sus proezas, y de las maravillas que ha realizado." (Salmos 78:4)

Se supone que debemos estar agradecidos por todo lo bueno, darle a Dios el don de la alabanza y agradecerle antes de ver el resultado final.

> Las oraciones serán respondidas de una manera que le brinde a Dios la mayor gloria y el bien supremo a nuestras vidas... Sin embargo, por lo general, las respuestas extrañas a la oración esconden los propósitos más profundos, mejores y más hermosos. —Joni Eareckson Tada

Pasos para recordar:
- El crecimiento es doloroso
- Hay luz al final del túnel
- Oímos a Dios más fuerte cuando estamos sufriendo
- No eres la misma persona que fuiste antes

Ahora bien, sabemos que Dios dispone todas las cosas para el bien de quienes lo aman, los que han sido llamados de acuerdo con su propósito (Romanos 8:28).

Capítulo 11

No Te Rindas

Los dos días más importantes de tu vida son el día en que naciste y el día en que descubres por qué. -Mark Twain

Dios está orquestando algo muy especial en tu vida. Tu historia aún no ha terminado, ni siquiera está cerca de terminar.

A veces parece que echamos un vistazo a lo que Dios está haciendo. Después de todo, ¿quién más ha pasado por los eventos de la vida que tú y yo hemos pasado, para prepararnos para este escenario exacto?

¿Quién más tiene la perseverancia de esperar, como si estuvieras esperando a tu hijo?

¿Dios te ha guiado a través del programa de entrenamiento perfecto para equiparte para lo que estás enfrentando?

> ¡Para esto es el pasado! Cada experiencia que Dios nos da, cada persona que pone en nuestras vidas es la preparación perfecta para el futuro que solo Él puede ver. —Corrie Ten Boom

Tu dolor debería hacerte consciente de los que te rodean que andan con tristeza en sus ojos. Si aún no los has encontrado, comienza a buscarlos. Están en tu camino por una razón.

Parece extraño decir que estás en una batalla, pero es verdad. En cualquier punto, podrías arrojar la toalla y decir que ya no puedes hacer esto. Ya no puedes tener esperanza, duele demasiado. Ya no puedes esperar, es demasiado estresante. Ya no puedes pelear, es muy peligroso.

La conclusión es que no puedes seguir así, pero si le pides fortaleza a Dios, lo lograrás.

Cuando el enemigo me bombardea con mentiras, recuerdo que Jesús ya tiene la victoria. El enemigo es solo un niño malcriado, con un ataque de rabia porque no puede salirse con la suya. Él no va a ganar. Dios solo lo dejará ir tan lejos, y no más de allí.

> De nada sirven ante el Señor la sabiduría, la inteligencia y el consejo. Se alista al caballo para el día de la batalla, pero la victoria depende del Señor. — Proverbios 21:30-31

John Eldridge escribió:

> Esto es precisamente lo que la Biblia (y todas las historias que lo recuerdan) nos ha advertido sobre todos estos años: vivimos en dos mundos, o en un mundo con dos mitades, la parte que podemos ver y la parte que no podemos ver. Se nos exhorta, por nuestro propio bienestar, a actuar como si el mundo invisible (el resto de la realidad) fuera, de hecho, más pesado y más real y más peligroso que la parte de la realidad que podemos ver.

En nuestra vida, ha sido obvio que Dios estuvo usando este evento para unificar a nuestra iglesia, formar relaciones que durarán más que cada una de las cosas que enfrentamos y atraer a más personas para que lo conozcan.

> Bien podría creer que es la intención de Dios, ya que hemos rechazado los remedios más leves, obligarnos a la unidad, mediante la persecución y las dificultades. -C. S. Lewis

Como dijo CS Lewis, "tocamos la región central donde viven todas las dudas sobre nuestra religión. Las cosas se ven tanto como si toda nuestra fe fuera un sustituto del verdadero bienestar que no hemos logrado en la tierra... Después de todo, normalmente no pensamos mucho sobre el próximo mundo hasta que nuestras esperanzas en esto hayan sido bien aplanadas..."

Buscamos a Dios, cuando no entendemos lo que está haciendo.

El enemigo es astuto y a menudo usa a quienes nos rodean para decir las palabras que esperamos no escuchar.

Cuando dudamos de nuestro valor, nos dicen que no tenemos ningún valor.

Cuando dudamos de nuestra fuerza, nos dicen que somos débiles.

Cuando dudamos de nuestros motivos, introducen un dedo en el punto blando de nuestra armadura y nos dicen que nuestras inclinaciones egoístas son los factores motivadores.

No podemos escuchar las mentiras

Debes dudar de tus dudas y creer en tus creencias.

Solo Dios puede tomar esta pila de vidas revueltas y volver a ponerlas en el camino correcto.

> Señor, mi preocupación no es si Dios está de nuestro lado; mi mayor preocupación es estar del lado de Dios, porque Dios

siempre tiene la razón.
—Abraham Lincoln

> Nunca tengas miedo de confiar un futuro desconocido a un Dios conocido.
> —Corrie Ten Boom

Algunas veces levanto mi barbilla como un niño voluntario y hago algo para fastidiar al diablo. Puse un cartel de jardín en mi patio delantero que dice: "Esta casa está agradecida." No lo hago con mansedumbre y paz, lo planteo como una bandera en territorio extranjero. "Toma eso, diablo." Creo que lo apuñalo en el suelo.

Tercamente me niego a permitir que el mal tome mi alegría.

Mientras tu hijo no está, debes decidirte a vencer esta circunstancia. No dejes que la duda y el miedo te definan.

Pon notas motivadoras en tu refrigerador, en el espejo del baño, en tu automóvil, en tu escritorio o en tu computadora. A veces esas notas son lo único que se interpone entre usted y la desesperación.

Pasa a la parte posterior del libro a las Tarjetas de Inspiración. Corta y pega con cinta adhesiva en los lugares que verás durante el día.

Hay días en que miro, desafiante, como un boxeador burlándose de su oponente y digo: "No me vencerás, diablo. Nosotros ganaremos. ¡No tienes poder aquí y esta casa es AGRADECIDA! ¿Crees que puedes llevarme? No tienes idea de a quién te enfrentas. Puedo ser débil, pero has elegido a un hijo del Dios más poderoso. Él te derrotará y me usará para hacerlo." Me burlo del demonio y me siento invencible, porque sé quién me respalda.

Dios no puede ser derrotado.

> Pero el Señor cuida de los que le temen,
> de los que esperan en su gran amor;

> él los libra de la muerte,
> y en épocas de hambre los mantiene con vida.
> Esperamos confiados en el Señor;
> él es nuestro socorro y nuestro escudo.
> —Salmos 33:18-20

No soy la misma persona que solía ser.

Si hay una lección que aprendí en los últimos años, es que se puede confiar en Dios. Si Él quiere que nuestro hijo vuelva a casa, entonces Él abrirá un camino.

Dios sabe lo que necesitamos antes que nosotros. Habrá momentos en que sentirás que todo está en tu contra. Las cosas irán de mal en peor. Justo cuando piensas que se acabó, algo más sale mal, pero no dura para siempre. Llega un día en que las cosas empiezan a funcionar. Las cosas mejorarán y las cosas volverán a ser buenas. El sol saldrá a través de las nubes.

En Éxodo, la gente no quería seguir a Moisés y, francamente, Moisés no quería guiarlos. La gente comienza a quejarse. Cuando finalmente dejan a sus captores egipcios, los israelitas son un poco arrogantes, pavoneándose fuera de la ciudad. Solo unas horas más tarde, cuando descubren que el ejército egipcio los está persiguiendo, pasan de engreídos a aterrorizados. Entran en pánico y se vuelven contra Moisés.

Las cosas parecen ir de mal en peor.

Fue lo mismo con los peregrinos.

Primero, intentan adorar a Dios en secreto mientras experimentan la persecución del rey de Inglaterra. Luego, dejan el país, pero los atrapan. Ellos son despojados y encarcelados. Cuando tratan de irse de nuevo, sus esposas e hijos quedan varados en el mar y los hombres quedan atrapados en una tormenta mortal. Eso les lleva un año antes de que puedan reunir otra vez en Amsterdam.

Comienzan una imprenta, solo para que el rey de Inglaterra envíe soldados a Ámsterdam para destruirla. Deciden regresar a

Inglaterra y contratar dos barcos para llevarlos a América, pero uno de los barcos se rompe.

¿Posiblemente podría salir mal alguna otra cosa?

¡La mitad de ellos llega a Estados Unidos, y tan pronto como llegan comienzan a morir por docenas!

¡Qué buena pena!

El resultado final de Moisés sacando a la gente de Egipto, es la victoria. ¡Atraviesan el Mar Rojo caminando sobre terreno seco y ganan la libertad! El final de la historia del Peregrino es que una nueva nación se basa en principios cristianos y se convierte en la nación más poderosa del mundo. Desde ambos terribles comienzos, vienen maravillosas victorias.

Dios estaba guiando tanto a Moisés como a los peregrinos, y era de su conocimiento de que estaban en la voluntad de Dios, lo que los hizo perseverar cuando otros se hubiesen dado por vencidos.

Estoy segura de que tanto los israelitas como los peregrinos tenían días en que se despertaban eufóricos para ser usados al servicio de Dios. Estoy segura de que también hubo días en los que se sintieron abandonados.

El hecho de que tú y yo tengamos buenos días, es un milagro. El hecho de que los malos días no nos hayan aplastado también es un milagro.

> No nos cansemos de hacer el bien, porque a su debido tiempo cosecharemos si no nos damos por vencidos. (Gálatas 6:9)

¿Cuántos años esperó cada persona en la Biblia antes de ser rescatado por Dios? Algunos esperaron unos años, otros esperaron décadas.

Una cosa que tienen en común es que Dios siempre apareció, porque Él es hermoso y Él es fiel. Perseveraron a través de injusticias, acusaciones falsas, incertidumbre, odio y penurias, que continuaron hasta que Dios cumplió su plan para cada uno de ellos, y los resultados fueron increíbles.

Problemas Familiares

Debes estar alerta en las relaciones en tu familia. Si estás casado, probablemente tu relación con tu cónyuge ya se haya deteriorado.

Hay una película llamada *The Face on the Milk Carton* (*El Rostro en el Cartón de Leche*) protagonizada por Kellie Martin. Se trata de un niño secuestrado que, cuando era adolescente, ve su foto en un cartón de leche. Ella contacta a la policía y se lo devuelve a sus padres. Explora algunos temas muy intrincados en la familia de un niño secuestrado, mientras continúa alentando y dando esperanza a aquellos de nosotros que esperamos. Puedes disfrutarla en http://tinyurl.com/zfljqz2 para ver la final sorpresa.

El efecto que tuvo el secuestro en la interacción de la familia les hizo sentirse identificados.

Mientras cada uno maneja las cosas a su manera, te sentirás distante. Uno de ustedes estará triste mientras que el otro está teniendo un buen día, por lo que es difícil hablar abiertamente. Con suficientes días como ese, se sentirán más como extraños que como pareja.

Al tratar de darse mutuamente el espacio para resolver las cosas, inadvertidamente crean una atmósfera de distancia.

Cuando puedas, reevalúa tu relación con tu cónyuge y otros niños. Habla con un consejero o busca ideas en línea para acercarte más. Si ves distancia en tu relación, encuentra maneras de conectarte, para que puedan ponerse en sintonía nuevamente.

Soy una prueba de que Dios puede hacer algo hermoso a partir de este horrible evento. A los cinco meses de que nuestro hijo ya no estaba, me convertí en misionera en línea, comencé a escribir y creé el popular canal de YouTube *Bible Stories for Adults*. Mientras escribo esto, dos de mis libros se han convertido en best-sellers de Amazon y esos videos han sido vistos más de 1,000,000 veces por personas de todo el mundo.

La divertida escena que imagino es que el enemigo se ríe y piensa para sí mismo: "Já. ¡Los he aplastado! Nunca más serán útiles en el reino de Dios."

Mientras tanto, Dios está mirando hacia abajo y esconde una pequeña sonrisa mientras susurra: "No. Acabas de eliminar cualquier distracción para que puedan cumplir mis propósitos."

Jaque Mate.

>Dios está contigo. Descansa. No estás solo.
>-Tony Evans

Elisabeth Elliot dijo: "El hecho de que soy una mujer no me convierte en un tipo diferente de cristiana, pero el hecho de que soy cristiana me convierte en un tipo diferente de mujer."

Si eres Cristiana(o), me refiero a un compromiso, lee tu Biblia, busca la forma de compartir a Cristo con los demás, el tipo de creyente que vive su vida en la línea de fuego por Dios, entonces hay implicaciones especiales para ti en esta prueba. Como dijo Jesús: "Si el mundo los aborrece, tengan presente que antes que a ustedes, me aborreció a mí." (Juan 15:18)

Hay tantas cosas en tu futuro que aún no sabes, cosas que Dios ha planeado, que desconoces. Puede que te preguntes por qué te sucede esto mientras esperas con impaciencia los milagros.

Los milagros vienen y son grandes.

El esposo de Elisabeth Elliot voló a Ecuador para contarle a una tribu aislada acerca de Jesús. Él y todos sus compañeros fueron asesinados justo después de aterrizar. ¿Cómo pudo haber ocurrido eso? ¿No iban allí a hacer el trabajo de Dios?

Elisabeth tenía tantas preguntas para Dios cuando ocurrió la muerte brutal de su esposo. Pero ese único evento trágico provocó un derramamiento de amor como el de Cristo en los corazones de las personas. La gente inundó Ecuador para compartir a Jesús con esa tribu. Los miembros de la tribu se hicieron cristianos. Incluso Elisabeth y sus hijos fueron a visitar a la tribu en Ecuador.

No hay forma de que Elisabeth pudiera haber sabido cuál sería el legado de su esposo, especialmente cuando parecía que su misión había terminado.

Dios tenía algo más grande en mente, y era más grande de lo que ella o su esposo jamás podrían haber imaginado.

Ella escribió: "Si nos aferramos firmemente a todo lo que se nos da, no estamos dispuestos a permitir que se use como el Dador quiere que se use, obstaculizamos el crecimiento del alma. Lo que Dios nos da no es necesariamente "nuestro," sino solo nuestro para ofrecérselo a Él, nuestro para renunciar a ello, nuestro para perderlo, nuestro para dejarlo ir, si queremos ser nuestro verdadero yo. Muchas muertes deben llegar para alcanzar nuestra madurez en Cristo, mucho se debe soltar."

Aquí está el examen final de fe presentado por James MacDonald.

1. ¿Crees que Dios tiene el control?
2. ¿Crees que Dios es bueno?
3. ¿Estás dispuesto a esperar, por fe, hasta que la oscuridad se vuelva luz?

Mire estas partes de la Biblia y vea si se aplican a usted: 1 Pedro 5:6-11, Lamentaciones 3, Salmo 69, Salmo 24, Salmo 25, Salmo 40 y Salmo 119:81-88.

Pasos para recordar:
• Estás peleando una batalla.
• No puedes ganar solo.
• Cada parte de tu historia te ha preparado para este momento.
• Fuiste hecho para un propósito.

- Los malos tiempos no garantizan un mal final.
- Espere hasta que la oscuridad se vuelva liviana.

Ahora bien, sabemos que Dios dispone todas las cosas para el bien de quienes lo aman, los que han sido llamados de acuerdo con su propósito (Romanos 8:28).

CAPÍTULO 12

Un Final Feliz

Mis caminos y mis pensamientos son más altos que los de ustedes; ¡más altos que los cielos sobre la tierra! —Isaías 55:9

Los tiempos se vuelven difíciles. Hay momentos cuando pasarás días llorando. No entenderás lo que Dios está haciendo. Tu hijo está sufriendo por estar lejos de ti. Dios no te está salvando de esto. El dinero se ha agotado, y no sabes qué hacer a continuación. El miedo reina en tu vida.

Duele ver a las familias juntas.

¿Qué los hace tan especiales que ellos si pueden ser una familia completa? ¿Por qué están sus hijos con ellos?

Miro al cielo, mis ojos se llenan de lágrimas y quiero gritar: "Señor, ¿me amas tan poco, para pasar por esto?" Pero, sé que no es verdad. Dios nos ama más de lo que podríamos imaginar.

> Las pruebas más severas de fe no llegan cuando no vemos nada, sino cuando vemos una asombrosa variedad de

> evidencia que parece probar nuestra fe en vano.
> -Elisabeth Elliot

Debido a que no merecemos que esto suceda, nos preguntamos por qué Dios lo permite. Aquí es cuando tenemos que confiar en Dios para que nos moldee en nuevas formas, inclinándonos, sin quebrantarnos. Tenemos que confiar en que Él sabe cuánto podemos soportar, y que no nos dará más que eso. En ese momento, parece que lo que estamos enfrentando ya es más de lo que podemos soportar.

Siento que hemos sido instruidos por Dios a mantenernos firmes y soportarlo. Lo hemos soportado. ¿Cuándo vendrá la victoria? ¿Cuántas veces más seremos derrotados? ¿Dónde está nuestro rescatador? ¿No hemos recurrido a Dios para todo? ¿No hemos orado antes de cada decisión? ¿Dónde estás, Dios? ¿Por qué no nos has rescatado? ¿Cuánto más, Señor? ¿Cuándo viene la victoria?

Pero todavía estamos aquí y Dios todavía es bueno.

Job sabe cómo me siento. Nuestro hijo fue secuestrado y luego nuestro aire acondicionado se descompuso, nuestra computadora se dañó, me puse muy enferma, las cuentas para recuperar a nuestro hijo eran abrumadoras y luego estaba el dolor sofocante. Hemos estados listos para colapsar.

Milagrosamente, Dios nos sostiene todos los días. Lo que dice es verdad, "Nos vemos atribulados en todo, pero no abatidos; perplejos, pero no desesperados." (2 Corintios 4:8)

Cada cosa parece que sería suficiente para quebrarnos, pero hemos sido dotados por Dios con la capacidad de levantarnos cada mañana y comenzar de nuevo.

Su esposa le reprochó:

¿Todavía mantienes firme tu integridad? ¡Maldice a Dios y muérete! (Job 2:9)

Un día veremos la victoria. Hasta entonces respiraremos y continuaremos.

El miedo es la contradicción de la fe. La fe dice: "Sea lo que sea, todo estará bien por Dios." —James MacDonald

Cuatro hechos pueden ayudarte a ganar perspectiva durante este tiempo:

1. Dios está en control
2. Dios te ama
3. Dios ve todo el panorama
4. Dios sabe el final

Esta lucha está personificada en la película *The Drop Box* (*El Buzón.*) Anunciada como la historia de un pastor que rescata bebés abandonados, la verdadera historia es cómo él y su esposa crían a su hijo discapacitado.

Los seguimos durante los primeros años de tener un hijo cuyas discapacidades los dejan sin hogar, agotados, desesperados y perdidos. Un día deciden usar este evento para cambiar su perspectiva de la vida. Se hacen amigos de otros padres de niños discapacitados, comparten su fe con las enfermeras y los médicos en el hospital, adoptan niños con necesidades especiales y terminan haciendo buzones para bebés abandonados.

Salvaron a miles de niños.

Su iglesia se convirtió en un organismo viviente de voluntarios para cuidar de estos niños las veinticuatro horas del día, y que a su vez cuidarán del hijo del pastor mucho después de que el pastor y su esposa fallezcan.

Cuando la cobertura de noticias inspiró a personas de otros países a hacer lo mismo, la lucha de una familia se convirtió en un movimiento global. Puedes ver parte de la película en MarieWhiteAuthor.com. Haz clic en la pestaña "Fortaleza para Padres" y luego clic en el botón de enlace del libro.

La tragedia de esta familia causó mil milagros, y la tuya también.

Greg Laurie ha dicho que los no cristianos observan a los cristianos durante los tiempos de crisis, para ver si caeremos. Cuando atraviesas una crisis con tu fe intacta, ganas el derecho de hablar por Jesús. Ganas el derecho de compartir tu fe con ellos.

Creo que la película *X-Men* lo hace bien cuando el profesor Xavier retrocede en el tiempo con su yo más joven, para convencerlo de enfrentar su dolor. Su yo más joven dice que el dolor lo abruma y el Xavier más adulto dice: "Necesitamos que tengas esperanza otra vez." Mira el video en MarieWhiteAuthor.com y haz clic en la pestaña "Fortaleza para Padres."

> El hombre puede vivir unos cuarenta días sin comida, tres días sin agua, ocho minutos sin aire... pero solo por un segundo sin esperanza. -Hal Lindsey

Chuck Swindoll dijo, "Dios nos ha dado un propósito para nuestra existencia, una razón para seguir, a pesar de que esa existencia incluye tiempos difíciles. Viviendo a través del sufrimiento, nos santificamos, en otras palabras, apartados para la gloria de Dios. Ganamos perspectiva. Nos hacemos más profundos. Creemos."

> Aquellos que dejan todo en las manos de Dios, eventualmente verán la mano de Dios en todo. —Desconocido

Si tu vida fuera una película, ¿este sería el momento en que todo ha ido mal y los personajes principales pierden la esperanza? La audiencia mira la película y quieren gritar a la pantalla para que sigas porque la victoria está a la vuelta de la esquina, pero estás a punto de perder la fe.

Cuando tú eres la única persona que tiene la esperanza de que tu hijo regrese, recuérdate que los demás quieren que tu hijo vuelva a casa, pero no se han abierto a la esperanza. Como dijo James MacDonald, "La esperanza no es la posición predeterminada. Lleva trabajo tener esperanza. La negatividad es fácil y natural."

La Biblia dice que la fe significa creer en algo que no se puede ver. "Ahora bien, la fe es la garantía de lo que se espera, la certeza de lo que no se ve." (Hebreos 11:1)

Hemos leído acerca de personas que han superado los eventos aplastantes de la vida para impactar vidas durante miles de años. Han vivido como Malcolm Muggeridge, quien dijo: "Recuerdo experiencias que en ese momento me parecieron especialmente desoladoras y dolorosas con particular satisfacción. De hecho... todo lo que realmente ha mejorado e iluminado mi existencia ha sido a través de la aflicción y no a través de la felicidad."

A lo largo de este libro, he intentado no prometer demasiado y no cumplir. Querías que alguien que ha pasado por esto te diga que vas a sobrevivir. Lo harás. Esperaste que compartiéramos los mismos sentimientos. Lo hacemos. Querías una nueva perspectiva. Tienes una. Si pudiera abrazarte ahora mismo, lo haría, y te sacudiría de un lado a otro. Nosotros, que compartimos este dolor, nos necesitamos los unos a los otros.

Quería darte algunos objetivos simples y alcanzables, como las listas de control semanales para calmar tu mente y cuerpo. Esperaba que al permitirte ver mi dolor, eso nos uniría a través de los pensamientos y sentimientos que tú y yo compartimos. Ha sido un privilegio caminar por este camino contigo. Permítanme alentarlos a que lleven un diario o escriban su historia, ya que las personas que escribieron sus historias para las Historias de la Esperanza dijeron que les estaba sanando. Uno de los padres dijo: "Realmente admiro y aprecio lo que estás haciendo. Muchos de nosotros no podemos encontrar las palabras." Como dije al principio, es un privilegio terrible escribir esto.

No desperdicies este tiempo que Dios te ha designado. Si aún no te has dado cuenta, el tiempo es un regalo. La mayoría de las personas vivirán sin tener la oportunidad de evaluar lo que hace que valga la pena vivir. Tampoco notarán que han pasado los años y que no han logrado nada. Ya sabes lo valioso que es el tiempo y sabes que nunca podrás recuperarlo. Esfuérzate por usar cada momento de tu vida para hacer, ser y emular lo bueno. Hasta el día en que tu hijo llegue a casa, ataca al enemigo con oración.

Ora:
- Por favor, hazle saber a mi hijo que los amo.
- Hazles saber que estoy orando por ellos.
- Cuida a mi hijo.
- Haz que esté dispuesta, a someter mi voluntad a la Tuya.
- Ayúdame a ser una luz en la oscuridad.
- Dale a mi familia fe en tu habilidad para convertir esto en algo maravilloso.
- Deja que mi fe dirija a los demás hacia Tu Presencia.
- Haz que la dura experiencia de nuestro hijo valga mucho más.
- Envía ángeles ministradores para consolarnos a nosotros y a nuestro hijo (Hebreos 1:14).
- Suaviza los corazones de todos los involucrados.
- Hazme valiente, intrépida(o) e impactante.
- Dame fuerza y esperanza.
- Enséñame a tener alegría en medio de esto.
- Dime por quién orar.
- Dios, Tu voluntad será hecha.

Colosenses 3:15 dice: "Que gobierne en sus corazones la paz de Cristo, a la cual fueron llamados en un solo cuerpo. Y sean agradecidos."

Él dice que "dejemos" que la paz reine. Es una elección que hacemos. Tenemos que dejar que Dios nos de paz y dar gracias por lo bueno que tengamos.

Baila, incluso cuando no tienes ganas. Sube la música hasta que no puedas escuchar tu desamor, y baila como si tu vida dependiera de ello; tal vez sí.

En los momentos en que se siente que no se puede confiar en Dios, que Dios no cumple Sus promesas, que a Dios no le importa, que Dios no salva, que Dios no vence, que lo bueno no tiene victoria sobre el mal, que Dios no escucha, que la esperanza se pierde y tu lado no es el más fuerte, recuerda que Dios nunca abandona lo Suyo.

Si quieres saber el final de mi historia, visítame en mi sitio web MarieWhiteAuthor.com y cuéntame la tuya.

Al igual que José y Ester, tú y yo hemos sido invitados al "reality show," *Voltea Por Completo Tu Vida - Extreme Makeover Edition*. Dios nos compra "tal como somos" y nos transforma en algo asombroso. Lo hace guiándonos a través de las dificultades y hacia la victoria.

La victoria viene a aquellos que perseveran.

Y perseveraremos.

No te rindas. Tu victoria podría estar a la vuelta de la esquina.

Aunque cruzar la línea de llegada parece que depende de Dios, solo juega tu parte. ¿Dejarás que Dios te use?

Es tu turno de elegir cómo terminará esta historia.

Cuando te encuentres en un momento difícil, tengas miedo o quieras renunciar, reúne el coraje suficiente para enfrentar la próxima batalla. No tienes que enfrentarte a todas a la vez. "Por lo tanto, no se angustien por el mañana, el cual tendrá sus propios afanes. Cada día tiene ya sus problemas." (Mateo 6:34)

Incluso si sucede lo peor, puedes emerger como una persona cambiada, transformando de oruga a mariposa. O bien, puedes permanecer en el capullo de la desesperación.

La decisión es tuya.

En cuanto a mí y mi casa, elegiremos confiar en el Señor.

> Por lo tanto no perdemos corazón. Aunque externamente estamos perdiendo, sin embargo interiormente estamos siendo renovados día a día. Porque nuestros problemas ligeros y momentáneos nos están logrando una gloria eterna que sobrepasa por mucho a todo. Así que fijamos nuestros ojos no en lo que se ve, sino en lo que no se ve, ya que lo que se ve es temporal, pero lo que no se ve es eterno. -2 Corintios 4:16-18

> Ahora bien, sabemos que Dios dispone todas las cosas para el bien de quienes lo aman, los que han sido llamados de acuerdo con su propósito (Romanos 8:28).

II

Segunda Parte

CAPÍTULO 13

Historias de Esperanza

Bret

Bret y sus hijos disfrutaban de un día como cualquier otro cuando fueron interrumpidos por el sonido de la policía golpeando la puerta. Minutos después estaba esposado, y sus hijos fueron empujados hacia la madre que ya no vivía con ellos.

Llamado "el efecto de la bala de plata," la madre de los niños había llamado a la policía con acusaciones falsas para obtener ilegalmente la posesión de sus hijos.

"A partir de ese momento fue una batalla cuesta arriba," dijo Bret.

Le tomó semanas ingresar al tribunal y obtener la custodia. Pero las autoridades no vieron la orden de custodia como algo importante.

"Me llevó 215 días emitir órdenes y mis hijos figuraban como desaparecidos. ¡Fue un infierno absoluto! A veces pasaba una semana completa sin dormir, completamente encerrado en la investigación y buscando a mis hijos. Seguí buscando, esperando que hubiera alguna ley mágica o mandato que obligara a los policías a buscar a mis muchachos."

No había.

Tomó varios años de salario y una persona especial para intervenir en el caso de Bret antes de que hubiera un gran avance. Esa persona especial era el investigador privado de renombre internacional, Logan Clarke.

"Por 314 noches, le supliqué a Dios que simplemente me mantuviera en pie, que siguiera brindándome fortaleza, orientación y dinero para continuar luchando. No obtuve la respuesta que quería. Lo que conseguí fue que Dios me empujara todos los días para que saliera de la cama y volviera a intentarlo.

"Cuando la gente me pregunta, les digo que fue como si el tiempo se detuvo instantáneamente. Ya no estaba viviendo. Estaba completamente insensible a todo lo demás que estaba sucediendo a mi alrededor. Cualquier intento de insensibilizar mis emociones solo aumentaba la culpa de que debía haber algo más que pudiera hacer.

"Hubo muchos momentos de emoción, como descubrir dónde habían estado mis hijos, meses atrás. Una foto reciente de ellos aparecería en las redes sociales. Luego, la decepción que siguió a cada intento fallido cavó un poco más profundo en mi corazón. Podía sentirme cada vez más alejado de la esperanza con cada día. Sabía que mi única oportunidad de sobrevivir, y recuperar a mis hijos, era poner las cosas en las manos de Dios.

"Mientras más me decía a mí mismo que Dios se encargaría de esto, se volvió más fácil aceptar las debilidades y la frustración. Estaba seguro, ya fuera un año o cinco, que Dios me guiaría.

"Otros cien días y varios abogados en dos estados, mis hijos llegaron a casa. No puedo expresar la profundidad de las emociones que sentí.

"En el momento en que vi las caras sonrientes de mis hijos, todo lo que pude pensar fue que este era un momento de victoria diferente a cualquier otro. Mirar hacia atrás y pensar cuánto tuve que vencer en ese momento, todavía es agridulce para mí. Me despierto con un nuevo sentido de aprecio por cada día.

"No hay palabras para describir la satisfacción que tengo en mi vida, saber que mis hijos crecerán para ser grandes hombres y la suerte que tengo de estar con ellos para verlo.

"Meses en mi búsqueda descubrí un discurso dado por un jugador de fútbol americano universitario llamado Inky Johnson. Escribí e imprimí extractos específicos del discurso. Muchas noches, cuando sentía que no podía continuar, leía estas palabras una y otra vez hasta que me sentía invencible. Fue una de las muchas formas en que lidié con el dolor, el estrés y la frustración."

Un enlace al video y la cobertura de noticias de la historia de Bret está disponible en MarieWhiteAuthor.com. Haz clic en la pestaña "Fortaleza para Padres."

Charlie

Charlie no podía esperar a recoger a su hijo para su visita de fin de semana, pero cuando llamó, el apartamento parecía inusualmente silencioso. El gerente abrió la puerta solo para que Charlie descubriera que su ex esposa había desaparecido con su hijo.

Charlie fue directamente a la policía. Debido a los parámetros de custodia, no pudieron ayudar. Conteniendo su histeria, Charlie pasó de los centros de defensa a las oficinas legales con la esperanza de encontrar a su hijo pequeño. Barricada tras barricada hizo que la pesadilla fuera casi insoportable.

"Pasé por la angustiosa sensación de preguntarme dónde estaba él, ¿estaba a salvo? ¿En qué tipo de situación estaba? ¿Estaba sano? ¿Estaba todavía vivo? Pasé por tantos sentimientos de desesperación. Terminé vendiendo todo lo que tenía, incluso mi cama, para pagar un abogado."

Decenas de meses perdidos pasaron sin noticias, luego, en el cumpleaños de su hijo, hubo un gran avance.

"Oré mucho esa mañana por algún tipo de milagro que me devolviera a mi hijo. A las 4:30 p.m. recibí una llamada telefónica urgente en el trabajo. Era el marido de mi ex esposa y estaba llorando. Él confesó todo y dijo que mi ex esposa lo había dejado en una situación similar a la que ella me había dejado."

Los dos hombres unieron fuerzas para luchar por sus hijos.

"Tanto su ex marido como yo nos ayudamos mutuamente y obtuvimos los derechos de custodia de nuestros hijos. Los estamos criando para que se conozcan entre ellos mientras crecen. He sido bendecido con una esposa amorosa que legalmente adoptó a mi hijo como propio. Hoy es un adolescente próspero y muy enérgico con muy poco que recordar del trauma de su infancia."

Tracy

Cuando Tracy tuvo un parto prematuro con dos niños gemelos, se aseguró de que sus cinco hijos estuvieran a salvo con su ex novio, el padre de ellos. Ella llegó al hospital y fue llevada rápidamente a la sala de emergencias. Seis semanas más tarde se despertó de un coma, y descubrió que solo había sobrevivido un gemelo y que había sido internado con extraños bajo cuidados adoptivos.

¿Cómo puede una madre soltera sin ingresos, lesiones debilitantes de una cesárea defectuosa, sin padres y víctima de un sistema fracturado, encontrar la fuerza para levantarse todas las mañanas y luchar por su hijo?

Los servicios sociales no siguieron su protocolo. Meses pasaron con pocas visitas o seguimiento. Tracy pasó meses preguntándose si volvería a ver a su hijo, o si alguna vez él pasaría tiempo de calidad con ella.

Pero Tracy encontró una manera. Con su abogado a su lado, luchó sin descanso, y 18 meses después su hijo finalmente llegó a casa.

"Cuando los días fueron difíciles," dijo Tracy, "oré mucho y recordé que había gente orando por mí." Le agradezco a Dios por eso, y porque Él me ayudó a superar esto."

Hoy su hijo está sano, feliz y disfrutando de la escuela primaria. Él tiene una gran familia que lo ama.

Anna

Toda su vida Anna y su madre habían vivido con sus abuelos. Estaban allí para ayudar a Anna con su primer paso, su primer día de jardín de infantes y su trabajo escolar todos los días.

Los fines de semana los pasamos con el papá de Anna, quien siempre fue parte de su vida. Y así continuaron las cosas durante quince años hasta el día en que la madre de Anna murió de cáncer. Después del servicio fúnebre, su padre vino a recogerla para su visita de fin de semana y nunca la trajo de vuelta.

Siguieron semanas de angustia cuando los abuelos de Anna lucharon para evitar entrar en pánico. Sus mentes corrieron hacia los derechos legales que tenían, qué era lo mejor para

Anna, cómo mantener buenas relaciones con el padre de Anna y cómo evitar conducir hasta la ciudad vecina para agarrar a Anna y llevarla a casa.

Creían que Dios cuidaría de su nieta.

El padre de Anna no era una mala persona, pero parecía egoísta e inmaduro aumentar la pérdida de Anna alejándola de las dos personas que siempre habían sido su apoyo.

Cuando Anna finalmente pudo llamar a sus abuelos, la conversación fue forzada y lloraba por regresar a casa. Las relaciones se tensaron en ambos extremos cuando sus abuelos descubrieron que había llevado su única ropa a la escuela todos los días, la primera semana.

En el transcurso de un año, las dos familias llegaron a un entendimiento y el siguiente año comenzaron las visitas de fin de semana con los abuelos de Anna.

"Fue muy difícil tener al nieto que criaste casi como a tu propio hijo, que te quitaron y pusieron en una posición tan mala. Sabíamos que estaba a salvo, pero ¿cómo podía alguien ser tan cruel con un niño?

"Exploramos nuestras opciones legales, pero el hecho es que ella es la hija de su padre, y si íbamos a la corte y perdíamos, nunca nos dejaría verla.

"Tres años después, en su día de graduación, asistimos a la ceremonia y luego la llevamos de regreso a nuestra casa, para siempre. Ella ha estado con nosotros desde entonces y todos tenemos paz. Ella quiere estar aquí y la queremos con nosotros. Los lazos nunca se rompieron. Ella siempre nos amará y siempre amará a su padre, pero esta es su casa. Una vez que pudo tomar esa decisión por sí misma, lo hizo.

"Agradecemos a Dios por mantenernos unidos cuando acabábamos de perder a nuestra hija y luego nos quitaron a nuestra nieta. Fue un momento increíblemente difícil y, sin embargo, nos dio la fuerza sobrenatural para superarlo y lo alabamos."

CAPÍTULO 14

Los Expertos Opinan

Logan Clarke

Una entrevista con Logan Clarke, investigador privado de renombre internacional y localizador de niños desaparecidos.

MARIE- Sr. Clarke, gracias por hablar conmigo hoy. Usted es el tipo al que recurren los niños desaparecidos y lo han estado haciendo durante 30 años. ¿Cómo obtuvo esa reputación?

LOGAN- Mi trabajo fue un activo en el país durante la Guerra de Vietnam. Básicamente, rescataríamos a la gente. Cuando volví a los Estados Unidos comencé a hacer lo mismo, rescates, rescates de secuestros, negociaciones de rehenes, ese tipo de cosas. Fue solo un cambio natural pasar al rescate de niños. Salvé a niñas del tráfico humano cuando estaba en el sudeste de Asia. Cuando llegué aquí a fines de los 70 o principios de los 80, traté de decirle a la gente que la trata de personas estaba llegando y me llamaron "Chicken Little." Dijeron que solo sucede en países del tercer mundo. Dije: "Están locos." Y ahora está en cada canal de televisión.

MARIE- Es increíble que lo hayas visto venir. ¿Qué es lo primero que le dice a un padre que lo contrata?

LOGAN- Seré el cretino. Tú serás el pobre padre o madre que quiere recuperar a sus hijos, yo seré el que se enoje y les diga a todos que son unos imbéciles y les grite que no están haciendo su trabajo. Todos pueden enojarse conmigo, para eso estoy aquí. Todos deben mirarte y saber que eres la persona más amable, que solo quiere que sus hijos regresen y tú eres la víctima.

MARIE- Ese es un buen consejo. Es difícil no entrar en un modo feroz y protector cuando sus hijos están siendo dañados. Pero tienes razón, el miedo suele manifestarse como enojo, y eso hace que los padres se vean inestables o, peor aún, culpables. ¿Qué cree que sea lo que las familias menos esperan?

LOGAN- Es una montaña rusa en la que están. Pero ellos necesitan escucharme. Yo digo, hagan exactamente lo que les digo. Si les digo que quiero algo, búsquenmelo, y si no puede conseguirlo, avísenme y lo conseguiré. Y no me mientan. Si me mienten y descubro que me mintieron, es justo lo que les devolveré. Si hicieron algo mal y me mienten, arrojaré sus cu*** a la cárcel. Entonces usaré su dinero, que me pagaron, para investigarlos. Lo primero que voy a hacer es investigarlos, con su dinero. Tengo que estar convencido de que están diciendo la verdad, la verdad absoluta. No puedo apostar. Si dicen que nunca ha habido violencia doméstica, ¿creen que voy a creerles? No en tu vida. Tampoco lo harían los policías. Y no me respetarían si solo creo en la palabra de ustedes.

Dios no permita que le pegues a tu esposa y aquí estoy siendo tu campeón, y es por eso que ella se escapó.

MARIE- ¿Qué le dirías a un padre que acaba de sufrir el secuestro de un hijo por parte del otro padre?

LOGAN- Mantenga la calma, no haga nada estúpido.

Y les digo que no esperen que esto termine rápido. Y rara vez, rara vez, le prometo a un padre que recuperaré a sus hijos, a menos que tenga ese presentimiento. A menos que mire los hechos y lo sepa en mis entrañas. Se lo dije a Steven en Texas, y cuando descubrí que los niños estaban en México, en el área del cartel, me arrepentí de haberlo prometido. Dije: "Maldición, ¿por qué hice eso?" Aunque los recuperé.

MARIE- Bret y yo nos hicimos amigos a través de esto. ¿Cómo supo Bret de ti?

LOGAN- Bret leyó el artículo sobre los chicos de Steven James y lo encontró, hablaron durante un par de días y luego Bret me habló.

MARIE- ¿Qué has visto cuando los niños vuelven a casa?

LOGAN- Están extremadamente confundidos. La mayoría de las veces les han dicho cosas terribles sobre el otro padre. La alienación comienza de inmediato. En casos muy raros, el padre dirá: "No quiero decir nada malo acerca de tu madre o tu padre."

MARIE- ¿Cómo es cuando vas a buscar al niño?

LOGAN- Es más peligroso entre el rescate y llevarlo al padre. Este es el momento más peligroso. En el raro caso de que no podamos llevar a un padre con nosotros para recoger al niño, tomo una prenda con el olor de los padres. Lo mejor es la manta del niño. La ponemos en la cara del niño, huelen ese olor familiar y al instante puedes sentir que su ritmo cardíaco disminuye. Luego montamos un video o Skype del padre diciendo: "Hola cariño, es mami y este es mi amigo Logan, él te traerá de vuelta a casa." Todo eso está sucediendo en la parte trasera de una camioneta, mientras estamos acelerando por la calle.

MARIE: ¿Cómo ha afectado este trabajo a tu vida familiar?

LOGAN- Un día estuve en Walmart con mi hija y tengo una voz muy distintiva, la gente la recuerda por años. Mientras hablaba con mi niña, escuché a un hombre detrás de mí decir: "Disculpe señor, ¿es usted Logan Clarke?"

Nunca sé qué esperar. He escuchado a personas que dicen, "Logan Clarke," y es un hombre que encarcelé durante cinco años, "He estado esperando cinco años por esto." Y sacan un cuchillo y me brincan.

Pero dije: "Sí."

Me di la vuelta para mirar a este tipo y él tiene un niño de siete años con él y el chico dice: "Bobby, tienes que abrazar a este hombre."

Bobby miró a su padre y luego a mí, y su padre dijo: "¿Recuerdas cuando te secuestraron y te llevaron? Este es el hombre que te trajo de vuelta a casa." Y este niño corrió hacia mí y me abrazó. La gente aplaudía, las lágrimas caían de sus rostros. En ese momento, mi hija se dio cuenta de que, aunque era triste que me hubiera ido mucho, estaba haciendo algo más importante que estar en casa todo el tiempo.

MARIE: además de reunir familias, ¿qué otra satisfacción encuentras en esta línea de trabajo?

LOGAN- Lo mejor que me dicen mis clientes, la primera noche después de que me contrataron, 9 de cada 10 veces, es "Anoche fue la primera noche que dormí desde que sucedió esto. Estoy tan aliviado. No es que me hayas prometido nada, pero sé que tengo a alguien a quien le importa. Sé que hay alguien que realmente sabe lo que está haciendo, quién está de mi lado, quién me está ayudando. Y, por primera vez, podré descansar."

Esa es una gran recompensa

Eso es lo que quiero que sientan.

No quiero que se confíen demasiado. Siempre les advierto que no voy a entrar por la puerta con una S en el pecho y sus hijos en un frasco. Tomará tiempo y dinero y mucha paciencia. Habrá altibajos. Lo único que puedo garantizar es cambio. El cambio es la única constante y cambia cada hora y diariamente.

También hago muchos otros tipos de casos como abusos a personas mayores, estafadores, trabajo oculto de activos, acosadores, lo que sea. Manejé el caso Casey Kasem, donde su esposa lo secuestró de la unidad de cuidados paliativos en la que estaba. Pero ya no puedo hacer trabajo encubierto porque soy demasiado reconocible.

MARIE- ¿Qué esperas que suceda para ayudar a niños desaparecidos?

LOGAN- He dicho a menudo que un senador de gran potencia tendrá que pasar por el secuestro de su hijo a manos del otro padre antes de que puedan hacer algo al respecto. Entonces escucharemos sobre esto en el Congreso. Entonces dirán: "Esto es absurdo. Tenemos que hacer algo al respecto y sé exactamente quién es el hombre para contarle al respecto. Me gustaría presentarte al Sr. Logan Clarke." Eso es lo que se necesita. Un legislador importante tiene que pasar por esto antes de que haya acción.

MARIE- Los casos que tomas te han hecho famoso en todo el mundo. ¿Te ha ayudado eso a hacer que las autoridades actúen?

LOGAN- Le supliqué a los fiscales de distrito que debatieran en la televisión. Nadie lo hará porque serán criticados.

Hubo dos niños secuestrados de Texas, me llevó seis meses descubrir que estaban en México. En la parte más profunda de México, área de cartel, me tomó cinco meses encontrar la manera de sacarlos. Envié chicos de operaciones especiales y me dijeron que sería un baño de sangre. Regresaron, dijeron que no podríamos hacerlo de esa manera. Fui a la NBC y les dije: "Síganme en este caso y será una de las mejores cosas que hayan hecho." Me siguieron durante cuatro meses y medio. Quiero decir, hicimos todo y recuperamos a esos niños. Tardó 11 meses.

¿Y NBC? Recibió el premio Edward R. Murrow por esa cobertura de secuestro.

MARIE- ¿Qué recepción obtienes de la policía?

LOGAN- He estado con los Texas Rangers quienes me dicen que los niños no corren ningún peligro porque están con la madre, y les digo: "¿En serio? ¿Sabes que la madre toma medicamentos psicóticos? Y ella no los está tomando porque la estoy siguiendo a través de sus medicamentos y en el momento en que llene su recibe, la atraparán y ella lo sabe. ¿Adivina qué? Ella no está tomando sus medicamentos. Y ella es bipolar."

Dos semanas después de esa conversación, una madre diferente apuñaló a su hijo, justo después de que se lo quitó al padre. Apuñalado y asesinado. Nada de eso tiene sentido. No es una buena mami o un buen papi. Ellos son secuestradores.

Lo que estoy diciendo puede respaldarse con hechos y los hechos son hechos. Cuando asumes que un niño está bien porque la madre los secuestró, los estás poniendo en peligro. Pero el Departamento de Justicia es citado diciendo que el secuestro parental es un abuso infantil extremo.

MARIE- ¿Alguna vez planeas dejar de hacer esta línea de trabajo?

LOGAN- Fui al médico y me dijeron que si no salía de esta carrera, me moriría. No de una bala, sino de un ataque al corazón. Dijeron que mis niveles de estrés estaban fuera del cuadro, incluso más que los que acababan de regresar de Vietnam.

MARIE- Si decides retirarte, ¿a dónde van a ir estas familias?

LOGAN- Tengo un equipo. Tengo otras personas que con suerte se harán cargo. Todavía me gusta salvar a la gente. Lo sientes en tu sangre. Todavía me gustaría hacer un caso difícil por año.

MARIE- Has hablado de retirarte. ¿Qué quieres que la gente sepa que defendiste?

LOGAN- Que luché por las personas que no podían luchar por sí mismas.

Crecí sin mi papá y algo que me afectó toda la vida fue que mi papá aparecía cada dos años y nos llevaba a hacer las compras de regreso a la escuela. Tenía alrededor de 8 años y mi hermano tenía unos 10 años y estábamos estacionados en un callejón. Estábamos caminando en una tienda cuando una mujer comenzó a gritar. Este tipo estaba corriendo, un pequeño tipo de 5'7," en el callejón con un bolso. Justo detrás de él estaba esta anciana que decía: "Deténganlo. Él robó mi bolso. Deténganlo."

Mi padre era bombero, 6'2" de estatura, había sido marino en las islas, y estoy pensando: "Genial, mi padre va a detener a este tipo, recuperará el bolso y ayudará a esta dama."

Mi papá deja caer sus manos y empuja a mi hermano y a mí hacia atrás, y el tipo corre justo en frente de él. Pudo haber sacado su pierna y haber disparado al tipo. ¡Había sido de la marina! Pero él no hizo nada. El chico corre junto a nosotros. La mujer corre y mira a mi padre, con el sudor cayendo de su frente y dice: "¿Ni siquiera pudo tropezarlo?" Y ella simplemente se fue.

Le dije: "Papá, ¿por qué no....?" Y él dijo: "No te involucres en los problemas de otras personas."

A partir de ese día supe que me iba a involucrar en los problemas de otras personas. Perdí todo respeto por él y nunca lo olvidé. Todavía me molesta. Esto fue en los años cincuenta. El tipo no tenía una pistola. Podría haberlo hecho tropezar. Fue devastador.

Eso es lo que me motivó.

Si estoy en un club y un tipo golpea a su esposa, soy el primero en estar en esa mesa y voy a noquear a ese tipo. No me importa quién es él. Lo agarraré de la mesa y lo arrestaré.

MARIE: veo que tu sitio web habla sobre una película que se hizo sobre ti. ¿Puedes hablarme de eso?

LOGAN- Los chicos que escribieron The Fighter and Patriots Day, ambos protagonizados por Mark Wahlberg, han trabajado durante un año en un guion sobre mi vida.

Les doy mucho material. Parece que tengo la costumbre de meterme en situaciones bastante locas.

Buscaré a un niño y terminaré en medio de un anillo de narcóticos del tercer mundo que el tío del chico que busco. Ya sabes, dirige el cártel, y el menor de mis problemas es atrapar al niño, porque creen que estoy allí para arrestarlos y tomar todas sus drogas. Todo lo que quiero es el niño.

Eso me ha pasado muchas veces. Entonces, no es necesariamente a quién persigues, sino quiénes son todos los parientes.

Fui detrás de un niño en Brasil y el suegro era un coronel en el ejército brasileño. Mi cliente casi fue asesinado.

Lo envolvieron con cinta adhesiva, lo metieron en la parte trasera de un automóvil y le apuntaron con un arma. Lo llevaban al bosque para dispararle en la cabeza. Una barricada que no esperaban estaba allí buscando rebeldes. Miraron en el asiento trasero y vieron a este tipo acurrucado con cinta adhesiva a su alrededor y se produjo un tiroteo. Mataron a los dos tipos y mi cliente fue liberado.

Hemos tenido episodios donde algunas cosas locas suceden.

MARIE- ¿Cómo lidias con lo que has visto?

LOGAN- Creo mucho en lo que estoy haciendo. Me gustaría que los padres sepan que no soy tan duro y frío como parezco y sueno. Hay un lado completamente diferente para mí.

Pueden obtener mis libros en Amazon o Barnes and Noble. Tengo un libro llamado *Just Passing Through* que Hallmark publicó: http://a.co/fqHV20n y otro llamado, *Last Night an Angel Stopped By*: http://a.co/66O6INC esa es una historia real de cuando yo estuve en cuidados intensivos y una mujer murió.

Escribí *The Legend of the Teardrop Tree* para mis clientes. Sé lo que es la tristeza y lo que han pasado. Se trata de un árbol que es una especie de cruce entre un sauce llorón y un baniano, que tiene pequeñas lágrimas cayendo por las hojas. El árbol dice: "Deja que tu dolor caiga sobre mí." Lloraré por ti. Soy el árbol de la lágrima."

El animador del Rey León hizo las ilustraciones.

Es para niños y se trata de cómo lidiar con el dolor, la tristeza y la pérdida. Es el tipo de libro que un padre le lee a su hijo: http://a.co/amrAvy1

Eso me mantiene sano. Lo que he visto y en lo que he estado involucrado en el mundo te hace muy, muy, muy calloso. Te cambia. Si miras esos libros y me miras, luego miras mis antecedentes, dirías: Imposible, este tipo no escribió estos libros." Es solo un lado completamente diferente.

Nunca voy a un consejero y eso se debe a mi escritura. Escribir me mantiene cuerdo. En este momento estoy trabajando en mis memorias.

MARIE- Ha dejado tal legado. Tengo el privilegio de poder hablar con usted y compartir su conocimiento con otros. Gracias por todo lo que haces.

Dra. Sue Cornbluth

El Dra. Cornbluth se especializa en divorcios de alto conflicto y es una experta en crianza reconocida a nivel nacional.

MARIE- Dra. Sue Cornbluth, como experta en reunificación familiar, ¿qué le gustaría que supieran los padres?

DRA. SUE- Me gustaría que recuerden que sus hijos tienen un historial de relación con ellos. Los niños no se olvidan de eso. Los niños alienados pueden tener miedo de decírtelo porque le tienen miedo a su alienador. Pero los padres nunca deberían renunciar a sus hijos. Sus hijos no quieren que se den por vencidos, incluso cuando los niños los están alejando. Estos niños simplemente son manipulados y no saben qué hacer. Cuando te maldicen, te dicen que te vayas y que te odian, están expresando el dolor que están experimentando por su alienador. Pero te **necesitan**. Nunca renuncies.

Otra cosa que le diría a los padres es que la paciencia es su virtud. Incluso si un juez ordena la terapia de reunificación y el otro padre no lo hace, ese juez no los va a mantener en desacato al tribunal, porque es solo una recomendación. El tribunal de familia no está diseñado para reunificarlo con su hijo. Simplemente no lo está. Quiero ser clara en eso. Está diseñado para decidir dos cosas por lo general, custodia y manutención infantil.

No sé cómo el país tuvo la idea de que el tribunal de familia está allí para reunificarlo a usted con sus hijos. Ellos no hacen eso. Es por eso que hay personas como yo, haciendo esto, y ese es tu mejor enfoque.

MARIE- ¿Cómo se ve cuando los niños vuelven a casa?

DRA. SUE- Cuando un niño llega a casa debe ir despacio y debe recuperar su confianza. No es como si volvieran a casa y todo es color de rosa. No es.

Nunca obligues a estos niños a hablar. No confían fácilmente, te mirarán como un halcón y se enojarán. Van a decir: "¿Por qué me dejaste ir? No quiero estar aquí contigo. Eres horrible." Tienes que esperar eso. Debes aceptar, validar y reconocer que han experimentado dolor por esto. Con el tiempo las cosas pueden mejorar.

MARIE: ¿Estás diciendo que cuando los niños vuelven a casa, las acciones hablarán más fuerte que las palabras?

DRA. SUE- Eso es correcto, tus hijos siempre te están mirando, viendo si te equivocas, al igual que su alienador dice que lo harás. Tienes que estar en un lugar fuerte para hacer el trabajo de recuperar a tus hijos. Y a veces las personas no están en el lugar para hacer eso. No significa que a veces no te desmorones, eres solo un humano. Pero la mayoría de la gente informa que ellos mismos se han fortalecido por el trabajo que hacen conmigo.

Les digo que lamento que estén siendo observados todo el tiempo, pero que demuestren a través de sus acciones que no son quienes el alienador les hace ver o dice que son. No lo hagan a través de sus palabras, sino a través de sus acciones.

MARIE- ¿Qué le dices a un padre que tiene contacto limitado con su hijo?

DRA. SUE- Les digo a los padres que dejen de decirles a sus hijos una y otra vez que los aman y que los extrañan. Porque en la mente de tu hijo, si los amas y los extrañas, ¿por qué no estás con ellos? Los niños se preguntan por qué están con el mal padre? Los niños piensan: "Si me amas y me extrañas, ¿por qué eres tan malo conmigo?"

Y eso es lo que les está diciendo el alienador.

Es normal decirles a sus hijos que los ama y los extraña, pero ellos ya lo saben.

Lo que sus hijos están buscando es que usted confirme su verdad. Su verdad es que los has abandonado. Aunque tal vez no sea tu verdad.

MARIE- Nunca pensamos que un niño estaría buscando que padre "bueno" para meter la pata. Parece que en la alienación, los niños pueden ser lastimados y manipulados hasta el punto de que están buscando una manera de validar lo que se les ha dicho. ¿Cómo te diste cuenta de esto?

DRA. SUE- Empecé en hogares de cuidados temporales, trabajando con niños que habían sido abusados. También trabajé con los padres adoptivos. Los niños que habían sido abusados tenían problemas de autoestima porque se definirían por lo que habían pasado o por lo que les contaron sus padres biológicos.

Dejé el albergue y enseñé durante años como profesora de psicología en la Universidad de Temple. Estuve allí con mi doctorado en psicología clínica, sentada en mi programa de postgrado y pensando: "Esto puede no ser para mí."

Me gusta educar, dar herramientas, crear estrategias y tomar medidas. Así es como me involucré con Alienación Parental. Estaba interesada en un caso en el que no podía entender por qué los padres no podían separarse de la pelea y poner a su hijo primero.

Entonces leo los materiales disponibles sobre Alienación Parental de todos los expertos. Todos estos libros decían, así es como sucede, pero nadie estaba haciendo nada para cambiarlo.

A medida que lo investigaba, me di cuenta de que no había nadie que les diera a los padres orientación, habilidades o herramientas. Los padres alienados tenían miedo y no sabían qué hacer y los niños estaban siendo perjudicados por esto.

Entonces decidí hacer algo que nadie más estaba haciendo. Daría el siguiente paso y diseñaría planes de acción para ayudar a las familias alienadas.

Luego encontré a esta persona que muchas personas no conocen, Jane Major. Ella hizo mucho trabajo en Alienación Parental y nunca obtuvo crédito. Jane entendió exactamente lo que estaba pasando y tuvo un curso llamado *Breakthrough Parenting* (*Crianza Innovadora*). La mitad del curso fue sobre Alienación Parental, lo cual nadie más estaba ofreciendo. Así que tomé el curso y me certificaron para ser coach en Alienación Parental.

MARIE- Estoy segura de que eres única en tus calificaciones para ayudar a los padres tanto como Doctora en Psicología como certificada en Alienación Parental. ¿Cómo trabajas con clientes?

DRA. SUE- Soy muy práctica, a pesar de que tengo clientes desde Inglaterra hasta la India. Cualquier persona que no viva cerca de mí se comunica por Skype o por teléfono. La Alienación Parental se está convirtiendo en un fenómeno mundial y una epidemia a la que las personas no están prestando atención.

Una de las cosas que surge una y otra vez es que el padre que mantiene alejado al otro padre es muy narcisista, se preocupan más por sí mismos que por sus hijos. Una de las áreas en las que me centré en mi formación de doctorado fueron los trastornos de la personalidad. El trastorno narcisista de la personalidad se identifica en el DSM-V (Manual de Diagnóstico y Estadística de Desórdenes Mentales.) ¿Y qué quiere el narcisista? Quieren que se les diga que tienen razón. Quieren que se les acaricie el ego.

Lo que estoy diciendo es que hay maneras de entrar en la mente de un narcisista y hacer un cambio. Lo he hecho en cientos de casos. Puede que no sea la relación que ha soñado con su hijo alienado, pero será mejor que lo que tenía antes. Porque muchos padres no tienen nada.

MARIE- ¿Alguna vez has tenido que rechazar a los padres?

DRA. SUE- Muchas veces la gente me llama demasiado tarde y me dice: "Desearía haberme enterado de ti hace cinco años." No todos los casos pueden ser resueltos. No todos los casos pueden ser ayudados.

Hay ciertos factores que busco para ayudar a reunir a un padre alienado con su hijo. Dos de esos factores son:

1. ¿Tienes contacto con tu ex de alguna manera?
2. ¿Tienes contacto con tus hijos?

Si hay una orden de restricción en su contra, y no puede tener ningún contacto con sus hijos, entonces no puedo ayudarlo. No hay forma de que pueda ponerte en contacto con tu ex.

MARIE- ¿Cuál es la diferencia de trabajar contigo?

DRA. SUE- La gente me llamará y me dirá: "No podrás ayudarme. Nadie ha sido capaz de ayudarme."

Y digo: "Eso es porque probablemente has visto a un terapeuta que no ha sido entrenado en Alienación Parental." La alienación parental nunca se me enseñó como terapeuta.

La terapia tradicional no funciona en estas situaciones. Necesitas estrategias, necesitas herramientas, necesitas un lenguaje específico para comunicarte con tus hijos y con tu ex. Eso es lo que le enseño a la gente.

La diferencia es que cuando trabajas conmigo, tienes un plan de acción adaptado a tu caso, porque cada caso es diferente. Y esta no es una terapia en la que solo te hablamos una vez a la semana. Estamos trabajando contigo en esto todos los días. Tiene que hacerse así.

MARIE- Me encanta tu actitud fresca y personalidad decidida. Realmente se nota en tus videos. Pareces ser alguien que toma acciones.

DRA. SUE- Correcto. Y a la gente le encanta eso.

Yo no he vivido lo que es la Alienación Parental, y no me puedo imaginar sin estar con mis hijos, incluso por un día. Por eso, hago este trabajo. No quiero que los padres sientan ese dolor.

No quiero que los niños sientan ese dolor. Es por eso que lo hago, porque es injusto para los niños.

MARIE- ¿Cómo pueden los padres trabajar con usted?

DRA. SUE- Tengo un sitio web, DrSueAndYou.com donde pueden obtener una consulta gratuita de 30 minutos. También hay videos en el sitio web y tengo un blog.

No todos pueden pagar el coaching privado, así que pronto tendremos un nuevo salón de clase en línea. De esa manera puedo ayudar a tanta gente como sea posible.

Un curso en línea fue una de las cosas por la que me contactaron muchos padres.

Antes de aceptar a alguien como cliente, les pido que me envíen algunos mensajes de texto o correos electrónicos entre ellos y el alienador o los niños. Lo que los padres piensan que es un texto inofensivo para el alienador, generalmente no lo es. No pueden verlo porque los padres objetivo no son objetivos, han sido lastimados.

Recomiendo que cuando se comunique con su ex no use la palabra "Tú" como en "Tú hiciste esto o tú hiciste aquello." No funciona. Señalar con el dedo causa culpa, no entendimiento.

MARIE: ¿Cómo lidias con esto a diario y todavía logras estar ahí para tu familia? ¿Cómo encuentras el equilibrio?

DRA. SUE- He tenido que aprender a lo largo de los años que tienes que equilibrar tu tiempo. Tómate tu tiempo y siéntete bien contigo mismo. No siempre lo hago, pero a lo largo de los años me he vuelto mejor. Nada en este mundo me importa más que mis hijos y me aseguro de que sean estables y equilibrados. También tengo un esposo maravilloso y comprensivo.

Hay días en que pierdo el equilibrio. No creo en la perfección. Todos cometemos errores.

MARIE- Háblame de tu libro.

DRA. SUE- Mi libro salió en 2014 y quería llamarlo *Building Self-Esteem in Kids That Were Traumatized* (*Construyendo Autoestima en Niños Que Fueron Traumatizados*) Salió en el momento del tiroteo en la escuela Sandy Hook. Pero a la editorial se le ocurrió un título diferente, *Building Self-Esteem in Children and Teens Who Are Adopted or Fostered* (*Construyendo Autoestima en Niños y Adolescentes que son Adoptados o En Acogida.*) El libro se puede usar para cualquier niño que haya sufrido un trauma.

Muchos de mis clientes lo compraron y dijeron que realmente les ayudó a aprender a reconectarse con sus hijos alienados. La alienación es abuso.

MARIE- Dra. Cornbluth, estoy muy agradecida por su tiempo y por proporcionar esta guía estratégica para todos los padres con niños desaparecidos. Gracias.

Para obtener más información sobre el libro y los servicios del Dr. Cornbluth, visite www.DrSueandYou.com.

Dr. Raymond Mitsch

El Dr. Mitsch es el presidente del Departamento de Psicología de la Universidad Cristiana de Colorado y es el autor con récord de ventas del libro *Grieving the Loss of Someone You Love* (*Sufrir La Pérdida de Alguien Que Amas.*)

MARIE- Dr. Mitsch, como experto en duelo, ¿puede explicar lo que está sucediendo con los cuerpos de padres con hijos desaparecidos?

DR. MITSCH- Uno de los problemas es la hipervigilancia constante de esperar más noticias. Psicológicamente pone a los padres en un estado en el que sus cuerpos producen mucho cortisol. Debido a que solo podemos estar atentos durante un cierto período de tiempo, el cuerpo comienza un ciclo y luego se desvanece. Con ese decaimiento, hay un período de silencio. Algo tan simple como las noticias que llegan o una llamada telefónica, puede desencadenar el cortisol y la adrenalina, luego vuelves a la vigilancia.

Creo que el ciclo muchas veces es lo que más afecta a los padres. La realidad es que cuando alguien pierde a alguien debido a la muerte o el final de una relación, hay lo que llamo un período hasta el final de la sentencia. Hay un final. En el caso de un hijo desaparecido, fugitivo o incluso un hijo pródigo, ya no tiene un punto (.), Tiene los tres puntos de una elipsis (...).

Lo que significa que es una continuación. Creo que eso pesa mucho en muchos de los cuerpos de los padres mientras esperan noticias de que su hijo va a regresar.

Sugeriría que los padres estén alrededor de un grupo de personas que puedan apoyarlos estando atentos a ellos. De esta forma pueden descansar un poco, porque saben que alguien está rastreando la información que está ingresando.

Las personas que pasan por la experiencia de tener a un hijo desaparecido experimentan un deterioro en sus sistemas corporales. La realidad es que todos nosotros tenemos ciertos sistemas que son más reactivos al estrés que otros. Para algunas personas se siente en su tracto intestinal, otras experimentan síntomas en su sistema cardiovascular. Cada persona tendrá una presentación única de estrés con un hijo desaparecido.

MARIE- ¿Cuáles son algunos comportamientos que deberíamos esperar ver a medida que experimentamos dolor y pérdida?

DR. MITSCH- Estás describiendo tres capas de trauma. Existe el dolor de que su hijo ya no está, el miedo a lo que el niño pueda estar experimentando y el dolor de que el padre no esté allí para ayudarlos. Ese es un tipo de dolor de múltiples capas. Donde esté el padre emocionalmente durante un momento específico del día, probablemente determinará en qué capa se encuentra.

Hay una gran variedad de formas en las que veo que las personas experimentan dolor, que van desde respuestas fisiológicas (corporales) hasta respuestas conductuales.

La mayoría de nuestros esfuerzos, cuando se trata del duelo, están realmente dirigidos a contener el dolor.

A veces eso es momificar la habitación, como se dice que hizo la Reina Victoria cuando murió su consorte. Incluso envió al mayordomo a su habitación todas las mañanas con el kit de afeitar y lo traían de vuelta por la noche.

Esta es realmente una manera de tratar de minimizar el impacto de la realidad de lo que se ha perdido. Al principio, eso es bastante normal. Es parte de la negación y tratar de manejar cómo aceptamos la realidad de lo que sucedió.

La otra cosa que veo son comportamientos que expresan cosas psicológicas. Depresión, tristeza, fatiga, falta de apetito o aumento del sueño, tiende a diagnosticar mal a las personas que están afligidas como deprimidas. Alternativamente, hay síntomas de ansiedad tales como inquietud, falta de sueño, ataques de pánico, ansiedad, reacciones inusuales a las cosas o experiencias fantasmas y estos también son naturales.

Mi padre murió cuando yo era un niño y tuve experiencias fantasmas. Podrías casi poner el reloj a punto cuando mi papá llegara a casa desde la fábrica de acero y yo todavía escucharía la puerta trasera abierta.

Todos esos comportamientos somos nosotros mismos tratando de absorber una realidad que rechazamos fundamentalmente. Todo el mundo tiene una forma diferente de hacer eso. En la respuesta de duelo, veo muchos opuestos. Las personas pasan demasiado tiempo revisando lo que está sucediendo o sucedió, o la otra alternativa es empacar todo, guardar sus cosas y fingir que la persona nunca estuvo allí.

He visto a mucha gente hacer eso. Borran todo rastro de la persona porque los recordatorios son muy dolorosos.

Por lo general, en esa situación, le diré a la gente que guarde las cosas y que las ponga fuera de vista, pero que no se deshaga de ellas. En un momento posterior, cuando estén listos, pueden sacar la caja y decidir qué cosas pueden quedarse.

Alguien que pasa mucho tiempo rumiando a la persona que está ausente, experimentando el "si solo" o "debería tener" realmente está tratando de cambiar su realidad.

"Si hubiera pasado más tiempo con ellos." O, "Si solo me hubiera asegurado de que fueran al médico."

Luego están los "debería haber" donde nos exigimos a nosotros mismos con información que no teníamos. Los "debería haber" siempre vienen después del hecho.

En general, las reacciones de las personas caen dentro del amplio rango de lo que llamaríamos "comportamientos normales." Sin embargo, algunos pueden ir a los bordes exteriores donde la persona se convierte en suicida. Entonces debemos ser más cuidadosos y hacer referencias a un profesional de salud mental para su evaluación.

MARIE- Como cristianos, ¿qué hay de diferente sobre el duelo para ti y para mí?

DR. MITSCH: Uno de los mitos que tienen las personas es que, si eres cristiano, o no debes o no deberías afligirte. No podría estar más en desacuerdo.

En 1 Tesalonicenses, Pablo habla de cómo él no quiere que los creyentes se lamenten como aquellos que no tienen esperanza y esa es probablemente la esencia de la respuesta. Aquí Pablo implica que vamos *a* llorar y experimentar todos los síntomas de duelo.

Ya sea que sea el resultado de tratar de captar lo que ha sucedido o como una expresión de las emociones por la ausencia de la persona, un cristiano aún experimentará esos mismos sentimientos. La diferencia es que conocemos la naturaleza del corazón de Dios y su amor por nosotros. Él nos amó lo suficiente como para enviar a su hijo a morir por nosotros.

También significa que nuestro dolor no se va a desperdiciar.

Vas a sufrir ese dolor. Los padres experimentarán la ausencia de sus hijos y el agujero que queda como resultado.

En psicología, usamos el modelo PEAV:
- Para aceptar la pérdida de la persona
- Experimentar las emociones que lo acompañan
- Ajustarse a la vida sin la persona y
- Volver a invertir en la vida de nuevo

Mucha gente todavía se refiere a las etapas del duelo, pero el problema con las etapas es que son demasiado lineales. La gente generalmente experimenta dolor en oleadas o ciclos y creo que los cristianos también lo hacen. Nuestra fe no excluye el dolor que experimentamos.

La esperanza que tienes no está en lo que le está sucediendo a tu hijo, sino que la esperanza que tenemos está en Dios y Su amor por nosotros. Sabemos que están pasando muchas cosas más en la situación de lo que parece.

MARIE- ¿Qué consejo le darías a los padres que han perdido su identidad?

DR. MITSCH- Hay dos asuntos a mano, uno es el miedo a lo que los niños están atravesando y el otro es la pérdida del propósito o la identidad de los padres. Los padres se enorgullecen, en cierto sentido, del nivel de poder que tienen para proteger a sus hijos. Cuando los niños desaparecen o se los llevan, acaba con ese concepto y se agrega otro nivel de pérdida.

¿Quién soy ahora, sin este niño?

¿Qué tipo de padre soy, porque no pude protegerlos?

El impacto en el padre depende en gran medida de la edad en la que se aleja al niño. Es seguro decir que cuanto más pequeño es el niño, más complicado es el dolor.

La realidad es que es más fácil definirnos a nosotros mismos con objetos tangibles. Cuando digo que soy un padre, por lo general doy prueba de ese hecho con mis hijos.

Lo que la gente tiende a decir es que todavía eres padre, aunque tu hijo no esté presente. Pero eso en realidad no aborda la situación a nivel del corazón. Definitivamente nos definimos por las personas que nos rodean porque estamos firmemente enraizados en las relaciones.

Reconozca que ha perdido más que su hijo y que hay un proceso de aflicción para reajustarse a una nueva identidad. Esto es especialmente difícil para las personas que cuidan a niños pequeños o padres ancianos, porque sus vidas se centran en las tareas que haces por ellos. Tienes que adaptarte a un nuevo entorno sin las tareas de cuidar al niño desaparecido. Cuando nos quitan esas tareas, nos sentimos muy perdidos.

MARIE- ¡Tienes razón! Es casi como bajar los escalones con un pasamano y de repente la baranda se va y pierdes el equilibrio. Se requieren unos segundos para recuperar el equilibrio y obtener una idea de dónde está el cuerpo en relación con las escaleras.

DR. MITSCH: Debes recalibrar a un entorno diferente que no tiene ya a ese niño. Tienes que decidir qué hacer ahora y comenzar a estructurar tus relaciones emocionales y las tareas físicas que haces en torno a una nueva normalidad.

MARIE- También eres un autor, ¿de qué tratan tus libros?

DR. MITSCH: He escrito cinco libros, pero creo que hay dos que interesan a tus lectores. El primero es *Sufrir la Pérdida de Alguien Que Amas* (*Grieving the Loss of Someone You Love*) y el otro es *Alimentar el Potencial de tu Hijo* (*Nurturing Your Child's Potential.*)

MARIE- Eso suena fenomenal. Dr. Mitsch, sus ideas sobre el duelo son realmente impresionantes. Hay tantos aspectos en los que la mayoría de nosotros nunca pensamos y has podido guiarnos a través de ellos. Realmente aprecio tu tiempo. Gracias.

El Dr. Mitsch es Profesor Asociado y presidente del Departamento de Psicología de la Universidad Cristiana de Colorado. Sus libros están disponibles en Amazon y puede leer su blog en www.drmitsch.com.

Dr. Timothy Benson

El Dr. Benson es profesor de psiquiatría en la Facultad de Medicina de Harvard y fundó una empresa que brinda apoyo estratégico para personas de alto rendimiento y sus familias.

MARIE- Dr. Benson, como psiquiatra que trabaja con personas en entornos de alto estrés, como jugadores de la NFL, ¿ha trabajado con alguien que está pasando por un doloroso divorcio?

DR. BENSON- Lo he hecho. Los atletas profesionales deben desempeñarse en condiciones de alto estrés que no solo les afectan personalmente, sino también en su vida familiar. Esta es probablemente la razón detrás de los informes de que la tasa de divorcios de los atletas puede oscilar entre 60 y 80%.

Cuando un atleta pasa por algo como un divorcio, puede haber una sensación abrumadora de culpa y remordimiento, mientras lucha por encontrar un significado o redefinirse en su situación actual.

De una multitud de preguntas, la pregunta más importante es: "¿Y ahora qué?"

A medida que se lamentan, también se ven obligados a ver de qué forma pueden lidiar con esta pérdida, mientras intentan prepararse para lo desconocido.

MARIE: Eso es muy similar a lo que experimentan los padres con hijos desaparecidos. ¿Qué has encontrado para ayudar a las personas a manejar la crisis de identidad de un gran cambio de vida?

DR. BENSON- Cuando hay un cambio monumental en tu vida, puede ser muy desestabilizador. Los grandes cambios también pueden provocar pérdidas importantes ilícitas, entre ellas: la pérdida de identidad, la pérdida de la estructura y, en algunos casos, la pérdida de un objetivo. Todos estos cambios pueden causar un trastorno emocional.

Con este fin, a menudo sugiero tres estrategias clave para ayudar a lidiar con lo que yo llamo cambios "traumáticos."

1. Mantente conectado. Debes verte enraizado en cosas como tus valores, tu misión, tu impulso o tu esperanza. Una vez que determines cuáles son, entonces comienza a organizarse alrededor de los mismos.

Un gran cambio en sus circunstancias puede exponer una base defectuosa, también presenta la oportunidad de reconstruir en una nueva.

Parte de ser castigado es confrontar verdades incómodas. Donde las personas se meten en problemas es cuando se aferran a lo que era, en lugar de abrazar lo que es.

2. Desarrollar y operar con un sentido de gratitud. La gratitud, aunque suena cursi, realmente está arraigada. Algunas veces es gratitud por la experiencia, otras es gratitud por las cosas que has superado. De cualquier manera, también debes expresar gratitud por esas personas, ¿cómo te han ayudado hasta ahora? Las personas exitosas deben conectarse con otros y encontrar un propósito superior.

Es importante mirar las cosas en una luz diferente y más productiva.

3. Mantener una mentalidad de crecimiento. Casi necesitas pensar como un principiante. Muchas veces las personas manejan las cosas de cierta manera y tienen éxito. Luego, cuando tienen una interrupción y se desestabilizan, son demasiado rígidos y no cambiarán. Eso prohíbe el crecimiento personal. Mientras que la persona que está abierta a crecer, puede ver nuevas posibilidades en su vida.

Tener una mentalidad positiva es primordial.

MARIE- Los padres de hijos desaparecidos definen el éxito como estar reunidos con sus hijos. Cuando ocurre la reunificación, además de su alegría, habrá problemas. ¿Qué pueden esperar?

DR. BENSON- George Bernard Shaw fue citado al decir: "Solo hay dos tragedias en la vida. Una es perder el deseo de tu corazón. El otro es ganarlo." Lo que esto significa es que, por buenas que sean las cosas, también debes estar preparado para enfrentar desafíos inesperados y consecuencias imprevistas. Va a haber un tiempo de transición y no va a ser perfecto. Una cosa a observar, cuando un hijo regresa a la casa, es la posibilidad de una sobrecompensación perpetua de la pérdida. Esto podría conducir a comportamientos habilitantes, ya que la culpa o el miedo podrían llevarlo a ser más indulgente de lo que no sería en el pasado. Tengan cuidado de no sobre compensar hasta el punto de que sea perjudicial para los aspectos positivos de la reunificación. La clave sería permitir un período de ajuste, pero no te alejes demasiado de tus verdaderos valores.

Otra precaución que le daría es tener cuidado con lo que están organizando. Nunca olvidarán y no necesitarán pasar por alto lo que sucedió, pero será importante desarrollar o encontrar un nuevo punto de referencia saludable para reunirse. Aquí es donde la gratitud puede jugar un papel importante.

MARIE- Ese es un gran consejo. Al leer su libro, me di cuenta de que incluso en el éxito hay pérdidas. ¿Cuáles son algunas de las pérdidas que ha visto enfrentar a personas exitosas?

DR. BENSON- En mi libro me enfoco en los desafíos de las personas que trabajan en entornos de alto estrés y los ayudo a lidiar con las consecuencias del éxito. Una de esas pérdidas que enfrentan es la pérdida de la comunidad. Algunos familiares y amigos usarán el éxito en contra ellos. Dirán: "Ahora que estás ganando dinero, piensas que eres mejor que nosotros." La realidad es que las demandas y expectativas de la cultura de la alta competencia difieren de las de la familia de origen. No reconciliar esas diferencias y las emociones que ellos provocan puede llevar a la pérdida de conexiones importantes en su vida.

MARIE- Pude ver que eso le sucede a aquellos que están activos en la alienación parental o las comunidades de duelo. Una vez que se reúnen, o abandonan los grupos porque ya no los necesitan o se van porque los miembros del grupo que están sufriendo actúan por celos.

Gracias por tomarse el tiempo en su apretada agenda para hablar conmigo sobre esto. Sé que muchas cosas que compartiste tocarán acordes con los lectores.

Pueden leer acerca de las siete habilidades para manejar el éxito en el libro del Dr. Benson, *Surviving Success*, disponible http://a.co/brq1O0z.

El Dr. Timothy Gerard Benson es profesor de psiquiatría en la Facultad de Medicina de Harvard y fundador de Benson Performance Group, una empresa que brinda apoyo estratégico para personas de alto rendimiento y sus familias en www.DrTimothyBenson.com.

Michael Jeffries

El Sr. Jeffries es un padre que anteriormente fue alienado, un escritor de discursos de la universidad y autor de *A Family's Heartbreak* (*El Dolor de una Familia.*)

MARIE- Mike, vamos a empezar. Como padre alienado anteriormente, ¿qué ideas tienes para los padres que están pasando por la experiencia de tener un hijo desaparecido?

MICHAEL- El concepto de que el tiempo cura todas las heridas no es realmente cierto. Estas son heridas que realmente no sanan, pero el tiempo amortigua la sensación un poco.

El dolor abrasador que sentí durante los primeros años se convirtió en un dolor manejable. Es casi como tener un tobillo ligeramente torcido, el dolor no te impide caminar y moverte, pero lo sientes cada vez que das un paso. Obviamente, ese es un escenario más manejable que quedar atrapado en la montaña rusa de emociones intensas que sobrepasan tu vida cuando la alienación está reciente.

También creo que no hay que olvidar que las otras personas en tu vida es muy importante. Si tienes otros hijos que están alienados, hermanos, hermanas, padres y amigos, no es justo para ellos que estés sentado frente a ellos, pero en esencia también te hayan perdido.

Enfocarse en las personas que todavía están allí, asegurándote de que sigues siendo un buen padre o madre para los niños que no están alienados, es importante. Asegúrate de seguir siendo el buen hijo o hija de tus padres. Asegúrate de que aún eres un buen amigo. Concéntrate en la gente que está frente a ti, en lugar de la que no está.

Lo mismo ocurre con el trabajo. Muchas personas se pierden en su trabajo cuando sufren algún tipo de pérdida, porque el trabajo es un maravilloso mecanismo de adaptación. Nos impide pensar en lo que es más doloroso. Si bien no defiendo que nadie se vuelva adicto al trabajo, la gente en el trabajo también se merece a la persona que era antes de la alienación.

No es mucho lo que puedes esperar de tus colegas antes de que puedas tener otros problemas, si no les está dando lo que dabas antes de la alienación. Eso no quiere decir que las personas en el trabajo no sean comprensivas. Créeme, te darán mucho tiempo y mucho espacio. Recuerdo que mi jefe vino a mí, literalmente en el peor día, y me dijo: "Necesitamos que te enfoques durante las próximas seis horas. ¿Puedes darme ese enfoque durante las próximas seis horas?" Le di esas seis horas. Luego volví a mi oficina y comencé a llorar de nuevo. Pero le di mi máximo esfuerzo durante esas seis horas.

MARIE- ¿Qué consejos puedes dar para comunicarte con tu hijo alienado?

MICHAEL- Creo que es importante continuar contactando al niño alienado con esos mensajes incondicionales de amor y perdón, pero aprendí que eso no se hace en un día donde todo salga mal. El día en que recibes una factura de reparación de automóvil de $500 y alguien haya convertido tu día de trabajo en una pesadilla, no es un buen día para acercarse al niño alienado porque serás rechazado. Solo empeora las cosas. Los días para comunicarse son los días en que estás teniendo un día realmente bueno. Entonces el rechazo no te molesta tanto.

El mejor truco que descubrí fue que cuando estás teniendo un día realmente malo, solo vete a la cama. Mi filosofía era que las cosas siempre son mejores por la mañana. Por la mañana, la pizarra se borra con lo malo del día anterior. Es un nuevo día con un nuevo comienzo y cosas maravillosas pueden suceder. Todo siempre se ve mejor en la mañana.

MARIE- ¿Cómo has podido sobrellevar la alienación?

MICHAEL- Creo que es importante acercarse a las personas que han caminado en tus zapatos, pero también es importante mantener tu alienación parental en una caja y solo dejarla salir de la caja unas pocas veces al día. Centrarse en la alienación parental no puede ser una cosa de todos los días. Demasiado tiempo en los grupos de Alianza Paternal te afecta; aumenta tu ira, aumenta las emociones y cualquier negatividad se alimenta de sí misma.

Ese no es un lugar saludable para pasar el rato todo el tiempo. Recuerda que hay cosas que disfrutas como deportes, lectura y pasatiempos. Involúcrate con las personas que están haciendo esas cosas, para que todo su mundo no se convierta en Alienación Parental y todo el dolor que se le atribuye. Mantén esos intereses externos, no los dejes perder en el camino.

Sé que es duro. Cuando estás pasando por esto, lo último que quieres hacer es ir a un club de lectura o ir al gimnasio, pero tienes que obligarte. Así es como lo haces.

MARIE- ¿Cómo pudiste superar las cosas que te habían hecho a ti y a tu hijo?

MICHAEL- Creo que lo más importante es soltar la ira. Esto es enorme y no es algo que la gente pueda asimilar rápidamente. Descubrí que la ira es un maravilloso mecanismo de afrontamiento. Cuando estás enojado no tienes que lidiar con gran parte de nada. Puedes mantenerte enojado. Es una salida para que manejes tus emociones de una manera muy negativa, y no lidies con la realidad.

Hasta que puedas soltar la ira, nunca podrás ser la persona que eras antes de que comenzara el proceso.

Realmente tienes que perdonar. Eso no significa que debas olvidarte de todo y prepararte para que lo aproveche todo de nuevo. Puede llevar mucho tiempo aprender a perdonar, me tomó años y años. Pero cuando lo hice, se hizo mucho más fácil vivir con esta carga.

No hubiera podido escribir mi libro, si aún estuviera enojado. Me hubiera topado con una persona enojada y amargada, que se queja por no conseguir lo que quería, y el libro no habría tenido credibilidad.

Pero, debido a que había superado la ira, la objetividad en el libro realmente llegó. Gran parte de los comentarios positivos sobre el libro se centraron en su objetividad. Creo que cuando superas el enojo, te permite ver tu situación objetivamente, y quizás reconocer dónde podrías haber hecho algunas cosas de manera diferente. Incluso, el hecho de que se puede aprender de la situación.

Cuando estás enojado, estás disminuyendo las posibilidades de volver a conectarte con tu hijo porque cuando estamos enojados, todo lo que queremos es golpear al otro padre. Queremos validación. Queremos disculpas El niño alienado no está interesado en darte nada de eso. Tu dolor, tu ira y tus emociones ni siquiera están en el radar del niño.

Pero una vez que te deshaces de la ira, puedes vivir en el presente y en el futuro y concentrarte en la reconstrucción de tu relación con el niño. La capacidad de permanecer fuera del pasado y todo el dolor realmente ayuda al proceso de reunificación.

MARIE- ¿Te has reunificado con tu hijo?

MICHAEL- Mi hijo y yo volvimos a conectarnos hace unos cinco años, después de doce largos años. Tenemos una gran relación. No diría que es mejor de lo que hubiera sido si no hubiéramos estado alienados, porque no creo que eso sea cierto. Pero no podría pedir una mejor relación con él. Cuando nos conocimos por primera vez, me concentré en él y en su vida. Le mostré que el pasado ya estaba en el pasado y que no estaba enojado con él ni con su madre. En un momento, intencionalmente hablé de su mamá de una manera muy genérica y sin prejuicios. Lo vi visiblemente tenso cuando mencioné su nombre, pero cuando vio que era solo una referencia casual a algo que solíamos hacer en familia, se relajó y disfrutó de la conversación.

Ahora hay una apertura entre nosotros que proviene del hecho de que él vio que no había enojo y que yo ya lo había superado. Eso lo tranquilizó y nos permitió reconectarnos.

MARIE- ¿Sientes que has crecido y te has convertido en una mejor versión de ti mismo?

MICHAEL- Sí, creo que lo he hecho. Parte de esto es perspectiva. Antes de ser alienado, me molestaba por las cosas en la vida o en el trabajo, pero ahora me doy cuenta de que no son importantes. Me ha convertido en una persona más tranquila y ciertamente más indulgente. Si puedo perdonar a los jugadores en mi historia, entonces es fácil perdonar al tipo que me interrumpe en el tráfico o al compañero de trabajo que es un imbécil. También soy mucho más receptivo de lo que solía ser. Mi expresión favorita es "Es lo que es."

MARIE- ¿Cuál es tu profesión?

MICHAEL- Soy un escritor de discursos en una universidad.

MARIE- Entonces, escribiendo tu libro *A Family's Heartbreak: A Parent's Introduction to Parental Alienation* (*El Dolor de una Familia: Introducción de padres a la Alienación Parental*) no fue muy complicado para ti.

MICHAEL- No, no fue así. Como dije en la introducción del libro, he sido un escritor profesional para siempre y tenía un diario, puramente por los beneficios psicológicos y emocionales. El diario es una buena forma de descargar las emociones y lidiar con las cosas. Empecé a darme cuenta de que podría haber algo más cuando comencé a editar mi texto, acortar las oraciones y cambiar los tiempos verbales.

Comencé a preguntarme por qué estaba haciendo estos cambios y me di cuenta de que el diario podría ayudar a alguien más, algún día. Así es como nace el libro.

MARIE- ¿Sientes que hubo momentos en que algo que alguien te dijo iba a estar mal?

MICHAEL- Sí. Mi esposa no podía ganar. No importa lo que ella dijera sobre la situación, no me haría feliz. Ella se merece una medalla por aguantarme y todas esas emociones durante esos años.

Creo que las personas que tienen un ego realmente fuerte, aquellos que saben que son un buen padre / madre / profesional / amigo, probablemente puedan lidiar con esto mejor que aquellos que no tienen un ego fuerte. Porque cuando las personas venían a mí y me decían: "Él nunca volverá." No me desmotivaba, porque sabía que era un buen esposo y padre. La alienación parental no fue mi culpa. No fue culpa de mi hijo. Estaba haciendo todas las cosas que necesitaba hacer para asegurarme de que regresara algún día. Puede que no regresara de acuerdo con mi horario, pero un día iba a regresar.

La persona que dijo: "Él no volverá," no sabía de qué estaba hablando.

Por supuesto, cuando mi esposa decía: "Todo irá bien, él volverá." Tuve que decir: "Sí, pero no de acuerdo con mi cronograma." A eso me refería cuando dije que no podía ganar.

Estaba de acuerdo en que iba a volver a casa, pero mientras tanto sigo pensando, esto todavía apesta.

Una de las tácticas de los padres alienadores es hacer acusaciones falsas sobre ti, siempre hay un momento en que comienzas a cuestionar tu propia cordura sobre las cosas. No puedes creer que alguien esté tan loco como para inventar las cosas de las que te acusan. Ahí es cuando ese fuerte sentido del yo realmente se activa y tú dices: "Por supuesto que no hice eso."

El padre alienante va a lanzar todo lo que pueda y ver si algo funciona.

Con un fuerte sentido del yo o ego, te das cuenta de que eras un buen padre, eres una buena persona y esto no es un reflejo de ti como individuo.

Nunca olvidaré que alguien me dijo: "Me doy cuenta de que esto de verdad está mal, pero aún tienes un techo sobre tu cabeza, no tienes hambre, todos están sanos y algún día él regresará. Puede que no sea en el marco de tiempo que crees que debería hacerlo, pero sigue haciendo lo que estás haciendo y las cosas funcionarán." Por mucho que no quisiera admitirlo en ese momento, esa persona básicamente tenía razón.

MARIE- ¿Hubo cosas que te parecieron difíciles de manejar durante tu alienación?

MICHAEL- La televisión, internet y radio son tus mayores enemigos y tus mayores ayudantes. No hay nada peor que escuchar una canción en particular en la radio y de repente romper a llorar. Tenía que sintonizar la estación. Lo mismo sucedió con ciertas conmovedoras escenas en la televisión. Sin embargo, ver las noticias y ver a los niños que luchan contra el cáncer o que mueren a causa de la violencia realmente pone las cosas en perspectiva. Me di cuenta de que lo mío no estaba tan mal.

A veces hay que tomarse un tiempo para ver los programas de niños en las salas de cáncer, porque te ayuda a recordar que, aunque no puedas ver a tu hijo, al menos está sano. Él no tiene vías endovenosas sobresaliendo de sus brazos. Si alguien te hubiera preguntado antes de todo esto, "¿Prefieres que tu hijo esté saludable y no en tu vida, o prefieres que esté enfermo y con él a tu lado?" No creo que haya un padre que no elija vivir sin él, siempre y cuando esté saludable.

Por mucho que odiemos al padre alienante, muchos no son malos padres. Han tenido problemas que los han llevado a hacer esto y actúan en contra del mejor interés del niño, pero todavía aman al niño. Todavía se asegurarán de que el niño esté abrigado y seco, bien alimentado y saludable. Hay algo de consuelo en eso.

MARIE- Gracias, Mike, por compartir tus ideas con todos los que están leyendo este libro. Aplaudo tu trabajo.

Pueden obtener el libro de Mike *A Family's Heartbreak: A Parent's Introduction to Parental Alienation* (*El Dolor de una Familia: Introducción de padres a la Alienación Parental*) en Amazon.com. También pueden visitar su sitio web en afamilysheartbreak.com.

Citas & Enlaces

Los enlaces pueden expirar con el tiempo. Los enlaces actualizados están disponibles en MarieWhiteAuthor.com bajo la pestaña "Fortaleza para Padres."

1. http://www.huffingtonpost.com/megan-devine/stages-of-grief_b_4414077.html
2. https://www.competitivedge.com/why-do-some-athletes-get-sick-their-stomach-games
3. http://www.mayoclinic.org/diseases-conditions/depression/expert-answers/vitamin-b12-and-depression/faq-20058077
4. http://www.livestrong.com/article/436651-the-effects-of-sunlight-fresh-air-on-the-body/
5. http://www.depressionhealth.net/natural-therapies-to-overcome-depression/superfoods/
6. http://www.stevepavlina.com/blog/2005/07/overcoming-negative-emotions-and-boosting-motivation/
7. http://www.mayoclinic.org/healthy-lifestyle/stress-management/in-depth/stress/art-20046037
8. http://www.mayoclinic.org/diseases-conditions/depression/expert-answers/vitamin-b12-and-depression/faq-20058077
9. http://shereadstruth.com/2015/06/16/jochebed/

Obsequios

Para obtener tu primer regalo, tómate una selfi con este libro o eBook y etiqueta a Marie en Twitter.

¿Disfrutaste el libro? De ser así, deja un comentario en Goodreads o Amazon, ya que tu reseña podría darle a otro padre herido el regalo de la esperanza.

Ayuda Adicional

En el Reino Unido 116 123
En Australia 13 1114 o 1 300 659 467
En el Mundo www.befrienders.org

La Esperanza es un Arma.
La Supervivencia es la Victoria.
—De la película *Dunkirk*

Lee sobre el reto de 30 días KLOVE en bit.ly/1BSsjBL y visita KLOVE.com para escuchar en línea o encontrar una estación.

Agradecimientos Especiales

Muchas personas han sido instrumentales en la culminación de *Fortaleza para Padres de Hijos Desaparecidos*.

Este libro no sería lo que es hoy sin Logan Clarke, Ray Mitsch, Sue Cornbluth, Tim Benson, Mike Jeffries y Bret Hohenberger.

Estoy agradecida con mis mentores, Sally Apokedak (http://sally-apokedak.com), Chris Fabry (ChrisFabry.com) y Mike Larsen (LarsenAuthorCoaching.com). Los tres se tomaron un tiempo de sus ocupadas vidas para ayudarme con esto.

Quiero extender mi sincero agradecimiento a las personas que han orado por nosotros y se han unido a nosotros en cada paso del camino.

III
───────────────────────────

Tercera Parte

Trescientos líderes de clase mundial... Roosevelt y Churchill... Mahatma Ghandi y Martin Luther King... el 75% de ellos... tuvo alguna discapacidad física grave o habían sido abusados de niños o habían sido criados en la pobreza.
—Zig Ziglar

Tarjetas de Inspiración

Estas tarjetas fueron diseñadas para que las recortes y coloques alrededor de tu casa, trabajo y vehículo. Colócalas en lugares que verás durante todo el día. Hubo momentos en los que estas tarjetas en versión de notas adhesivas me ayudaron a superar algunos de los momentos más difíciles.

> Los milagros son un recuento en letras pequeñas de la misma historia que se escribe en todo el mundo en letras demasiado grandes para que algunos de nosotros las veamos.
>
> *-C.S. Lewis*

> Muy de mañana me levanto a pedir ayuda; en tus palabras he puesto mi esperanza.
>
> *Salmos 119:147*

> En el día que estés listo para rendirte
>
> No te rindas
>
> No cedas
>
> Te estás enfocando en los árboles
>
> Contempla el bosque

> Él librará al indigente que pide auxilio, y al pobre que no tiene quien lo ayude.
>
> *Salmos 72:12*

Al que puede hacer muchísimo más que todo lo que podamos imaginarnos o pedir, por el poder que obra eficazmente en nosotros,

Efesios 3:20

La ira, amargura y odio mucho prometen y poco cumplen. Toma una respiración profunda.
~Solo respira~

Líbrame, Dios mío, de manos de los impíos, del poder de los malvados y violentos.

Salmos 71:4

Dios mío, no te alejes de mí;

Dios mío, ven pronto a ayudarme.

Salmos 71:12

Solo necesitas suficiente valentía para superar el momento.

Sean fuertes y valientes. No teman ni se asusten ante esas naciones, pues el Señor su Dios siempre los acompañará; nunca los dejará ni los abandonará

Deuteronomio 31:6

El que con lágrimas siembra,

con regocijo cosecha.

Salmos 126:5

Si pudiéramos ver el futuro y el tamaño de la bendición que esta prueba traería a nuestro camino, entonces entenderíamos en parte la importancia de la batalla contra la que estamos luchando.

Pero de una cosa estoy seguro:

he de ver la bondad del Señor

en esta tierra de los vivientes.

Salmos 27:13

Quien en ti pone su esperanza

jamás será avergonzado;

pero quedarán en vergüenza

los que traicionan sin razón.

Salmos 25:3

Sostenme conforme a tu promesa, y viviré;

no defraudes mis esperanzas.

Salmos 119:116

El Señor está cerca de los quebrantados de corazón, y salva a los de espíritu abatido.

Salmos 34:18

Ten compasión de mí, oh Dios;

ten compasión de mí, que en ti confío.

A la sombra de tus alas me refugiaré,

hasta que haya pasado el peligro.

Salmos 57:1

Busqué al Señor, y él me respondió;

me libró de todos mis temores.

Salmos 34:4

Este pobre clamó, y el Señor le oyó
y lo libró de todas sus angustias.

Salmos 34:6

Enemiga mía, no te alegres de mi mal.
Caí, pero he de levantarme;

Miqueas 7:8

Porque yo sé muy bien los planes que tengo para ustedes —afirma el Señor—, planes de bienestar y no de calamidad, a fin de darles un futuro y una esperanza

Jeremías 29:11

Aun si voy por valles tenebrosos, no temo peligro alguno porque tú estás a mi lado; tu vara de pastor me reconforta.

Salmos 23:4

En mi angustia invoqué al Señor,

y él me respondió.

Salmos 120:1

Dios mío, no te alejes de mí;

Dios mío, ven pronto a ayudarme.

Salmos 71:12

Todo esto les he dicho para que no flaquee su fe.

Juan 16:1

Sean confundidos y avergonzados todos los que tratan de matarme; huyan derrotados todos los que procuran mi mal; que la vergüenza de su derrota humille a los que se burlan de mí.

Salmos 40:14-15

CAPÍTULO 17

Listas de Verificación Diarias

Semana Uno

Lista de verificación diaria:
o 60 minutos de luz solar
o 30 minutos afuera
o Come una plátano/banana
o Evita canciones/libros/películas deprimentes

Lista de verificación diaria:
o 60 minutos de luz solar
o 30 minutos afuera
o Come una plátano/banana
o Evita canciones/libros/películas deprimentes

Lista de verificación diaria:
o 60 minutos de luz solar
o 30 minutos afuera

o Come una plátano/banana
o Evita canciones/libros/películas deprimentes

Lista de verificación diaria:
o 60 minutos de luz solar
o 30 minutos afuera
o Come una plátano/banana
o Evita canciones/libros/películas deprimentes

Lista de verificación diaria:
o 60 minutos de luz solar
o 30 minutos afuera
o Come una plátano/banana
o Evita canciones/libros/películas deprimentes

Lista de verificación diaria:
o 60 minutos de luz solar
o 30 minutos afuera
o Come una plátano/banana
o Evita canciones/libros/películas deprimentes

Lista de verificación diaria:
o 60 minutos de luz solar
o 30 minutos afuera
o Come una plátano/banana
o Evita canciones/libros/películas deprimentes

Semana Dos

Ponte a hacer una dieta diaria de risa. Según la Clínica Mayo, "Cuando comienzas a reír, no solo aligeras tu carga mentalmente, sino que induces cambios físicos en tu cuerpo."

La risa incrementa las hormonas que te hacen sentir bien en el cerebro, alivia la respuesta al estrés, produce una sensación de calma y relaja los músculos.

Lista de verificación diaria:
o 60 minutos de luz solar
o 30 minutos afuera
o 30-60 minutos de ejercicio
o Plátano/banana
o Toma vitaminas del complejo B *
o Evita canciones/libros/películas deprimentes
o Mira algo que te haga reír

Lista de verificación diaria:
o 60 minutos de luz solar
o 30 minutos afuera
o 30-60 minutos de ejercicio
o Plátano/banana
o Tomar vitaminas del complejo B *
o Evita canciones/libros/películas deprimentes
o Mira algo que te haga reír

Lista de verificación diaria:
o 60 minutos de luz solar

* Siempre consulta a tu médico antes de comenzar un régimen vitamínico.

o 30 minutos afuera
o 30-60 minutos de ejercicio

o Plátano/banana
o Tomar vitaminas del complejo B *
o Evita canciones/libros/películas deprimentes
o Mira algo que te haga reír

Lista de verificación diaria:
o 60 minutos de luz solar
o 30 minutos afuera
o 30-60 minutos de ejercicio
o Plátano/banana
o Tomar vitaminas del complejo B *
o Evita canciones/libros/películas deprimentes
o Mira algo que te haga reír

Lista de verificación diaria:
o 60 minutos de luz solar
o 30 minutos afuera
o 30-60 minutos de ejercicio
o Plátano/banana
o Tomar vitaminas del complejo B *
o Evita canciones/libros/películas deprimentes
o Mira algo que te haga reír

Lista de verificación diaria:
o 60 minutos de luz solar
o 30 minutos afuera
o 30-60 minutos de ejercicio
o Plátano/banana
o Tomar vitaminas del complejo B *
o Evita canciones/libros/películas deprimentes
o Mira algo que te haga reír

Lista de verificación diaria:
o 60 minutos de luz solar

o 30 minutos afuera
o 30-60 minutos de ejercicio
o Plátano/banana
o Tomar vitaminas del complejo B *
o Evita canciones/libros/películas deprimentes
o Mira algo que te haga reír

Semana Tres

Lista de verificación diaria:
o 60 minutos de luz solar
o 30 minutos afuera
o Plátano/banana
o 30-60 minutos de ejercicio
o Toma vitaminas del complejo B *
o Evita canciones/libros/películas deprimentes
o Mira algo que te haga reír
o Habla con un amigo que te suba los ánimos

Lista de verificación diaria:
o 60 minutos de luz solar
o 30 minutos afuera
o Plátano/banana
o 30-60 minutos de ejercicio
o Toma vitaminas del complejo B *
o Evita canciones/libros/películas deprimentes
o Mira algo que te haga reír
o Habla con un amigo que te suba los ánimos

Lista de verificación diaria:
o 60 minutos de luz solar

o 30 minutos afuera
o Plátano/banana
o 30-60 minutos de ejercicio
o Toma vitaminas del complejo B *
o Evita canciones/libros/películas deprimentes
o Mira algo que te haga reír
o Habla con un amigo que te suba los ánimos

Lista de verificación diaria:
o 60 minutos de luz solar
o 30 minutos afuera
o Plátano/banana
o 30-60 minutos de ejercicio
o Toma vitaminas del complejo B *
o Evita canciones/libros/películas deprimentes
o Mira algo que te haga reír
o Habla con un amigo que te suba los ánimos

Lista de verificación diaria:
o 60 minutos de luz solar
o 30 minutos afuera
o Plátano/banana
o 30-60 minutos de ejercicio
o Toma vitaminas del complejo B *
o Evita canciones/libros/películas deprimentes
o Mira algo que te haga reír
o Habla con un amigo que te suba los ánimos

Lista de verificación diaria:
o 60 minutos de luz solar
o 30 minutos afuera
o Plátano/banana
o 30-60 minutos de ejercicio
o Toma vitaminas del complejo B *

o Evita canciones/libros/películas deprimentes
o Mira algo que te haga reír
o Habla con un amigo que te suba los ánimos

Lista de verificación diaria:
o 60 minutos de luz solar
o 30 minutos afuera
o Plátano/banana
o 30-60 minutos de ejercicio
o Toma vitaminas del complejo B *
o Evita canciones/libros/películas deprimentes
o Mira algo que te haga reír
o Habla con un amigo que te suba los ánimos

Semana Cuatro

Usa esta semana para comenzar a aprender una nueva habilidad. Es tan fácil como tomar una clase gratuita en línea a través de Udemy o YouTube. Lo ideal sería elegir algo físico como aprender a patinar, tocar la guitarra o pintar. Si haces una actividad externa como el baloncesto, obtendrías tus 60 minutos de sol, 30 minutos afuera y 60 minutos de ejercicio, todo mientras aprendes una nueva habilidad.

"Cada vez que aprendes algo nuevo, tu cerebro cambia de una manera bastante sustancial. A su vez, esto hace que otras partes de tu vida sean más fáciles porque los beneficios del aprendizaje van más allá de solo ser bueno en algo[5]."

Lista de verificación diaria:
o 60 minutos de luz solar
o 30 minutos afuera

o 30-60 minutos de ejercicio
o Plátano/banana
o Toma vitaminas del complejo B *
o Aprende una nueva habilidad

Lista de verificación diaria:
o 60 minutos de luz solar
o 30 minutos afuera
o 30-60 minutos de ejercicio
o Plátano/banana
o Toma vitaminas del complejo B *
o Aprende una nueva habilidad

Lista de verificación diaria:
o 60 minutos de luz solar
o 30 minutos afuera
o 30-60 minutos de ejercicio
o Plátano/banana
o Toma vitaminas del complejo B *
o Aprende una nueva habilidad

Lista de verificación diaria:
o 60 minutos de luz solar
o 30 minutos afuera
o 30-60 minutos de ejercicio
o Plátano/banana
o Toma vitaminas del complejo B *
o Aprende una nueva habilidad

Lista de verificación diaria:
o 60 minutos de luz solar
o 30 minutos afuera
o 30-60 minutos de ejercicio
o Plátano/banana

o Toma vitaminas del complejo B *
o Aprende una nueva habilidad

Lista de verificación diaria:
o 60 minutos de luz solar
o 30 minutos afuera
o 30-60 minutos de ejercicio
o Plátano/banana
o Toma vitaminas del complejo B *
o Aprende una nueva habilidad

Lista de verificación diaria:
o 60 minutos de luz solar
o 30 minutos afuera
o 30-60 minutos de ejercicio
o Plátano/banana
o Toma vitaminas del complejo B *
o Aprende una nueva habilidad

SOBRE EL AUTOR

Marie White es el anfitrión de la popular serie de YouTube, *Bible Stories for Adults,* que cuenta con más de 1,000,000 visitas y llega a personas en todas partes del mundo.

Ella también es una misionera cristiana, viajera y apasionada por las personas. Ella se esfuerza por apoyar a las personas compartiendo la palabra de Dios.

Para aprender más sobre la Biblia, mira su serie de videos de YouTube, *Bible Stories for Adults*.

Para contactar al autor, visite MarieWhiteAuthor.com.

Queridos amigos,

Espero que leyendo este libro se den cuenta de que son amados. No solo son amados por otra persona. Son amados por el Creador del Universo. Él los creó con un propósito específico para sus vidas y no puede esperar a que comiencen a vivirlo. El primer paso es invitarlo a entrar en sus corazones. ¿Hay algo que les impida pedirle a Jesús que entre a sus vidas en este momento?

Oremos.

Dios, gracias por ser tan amoroso y amable. Gracias por nunca renunciar a nosotros. Gracias por enviar a Jesús a una muerte brutal para poder pagar por cada cosa incorrecta que cualquier humano haya hecho alguna vez. Podemos entrar al cielo por lo que Jesús hizo por nosotros.

Si escribimos cada cosa incorrecta que alguna vez hayamos pensado o hecho, nos devastaría. Nuestros pecados son demasiado para soportarlos. Pero dijiste que, si confesamos nuestros pecados, eres fiel y justo para perdonar nuestros pecados y hacernos limpios ante Tus ojos. (1 Juan 1: 9)

Borra nuestros pecados y déjanos empezar de nuevo contigo en nuestras vidas. Ayúdanos a borrar de nuestras mentes todos los recuerdos pecaminosos y ayúdanos a recordar eso porque te pedimos que lo hagas, nos limpiarás.

Has dicho que cualquiera que escuche Tus palabras de la Biblia, crea que Jesús es Tu hijo e invite a Jesús a esta en su vida ha pasado de la muerte a la vida. (Juan 5:24) Pedimos eso hoy. Borra nuestros pecados Líbranos del dolor y la esclavitud. Rescátanos y déjanos tener una relación contigo que va más allá de cualquier cosa que podamos imaginar. (1 Corintios 2: 9)

Pedimos todo esto en el nombre más poderoso bajo el cielo, el nombre de Jesús. (Hechos 4:12)

Amén

Si deseas saber más acerca de quién es Jesús, te aliento a que empieces a leer el libro de Juan en la sección del Nuevo Testamento de la Biblia. La Nueva Versión Internacional (NVI) de la Biblia está escrita en inglés y se puede encontrar en casi cualquier tienda. También puedes leerlo en línea en BibleGateway.com.

-Marie

Cuando todo está dicho y hecho, la vida de fe no es más que una lucha interminable del espíritu con cada arma disponible contra la carne.
-Dietrich Bonhoeffer

www.ingramcontent.com/pod-product-compliance
Lightning Source LLC
Chambersburg PA
CBHW030149100526
44592CB00009B/199